Covid-19 et détresse psychologique

Pr Nicolas Franck

Covid-19 et détresse psychologique

2020, l'odyssée du confinement

Odile Jacob

15, rue Soufflot, 75005 Paris

www.odilejacob.fr

ISBN : 978-2-7381-5380-7

À Caroline.

À Barnabé, Philippine, Athénaïs, Stanislas et Maximilien.

Préambule

« Quelques années auparavant, elle s'était déclarée dans les pays orientaux, où elle avait enlevé une innombrable quantité de vivants ; puis poursuivant sa marche d'un lieu à un autre, sans jamais s'arrêter, elle s'était malheureusement étendue vers l'Occident. La science, ni aucune précaution humaine, ne prévalait contre elle. [...] Pour en guérir, il n'y avait conseil de médecin, ni vertu de médecine qui parût valoir, ou qui portât profit. [...] Naquirent diverses peurs et imaginations parmi ceux qui survivaient, et presque tous en arrivaient à ce degré de cruauté d'abandonner et de fuir les malades et tout ce qui leur avait appartenu ; et, ce faisant, chacun croyait garantir son propre salut.

D'aucuns pensaient que vivre avec modération et se garder de tout excès, était la meilleure manière de résister à un tel fléau. [...] Beaucoup d'hommes et de femmes abandonnèrent la cité, leurs maisons, leurs demeures, leurs parents et leurs biens, et cherchèrent un refuge dans leurs maisons de campagnes, ou dans celles de leurs voisins [...]. »

Pandémie de Covid-19[1] en 2020 ? Non : la ville de Florence frappée par la peste en 1348, selon Boccace dans le *Décaméron*.

1. *Coronavirus disease 2019.*

Introduction

En entrant dans la période de confinement je me suis demandé ce qui me permettrait d'en sortir le mieux possible. Sur quoi allais-je m'appuyer pour me projeter au-delà de ce qui apparaissait comme une parenthèse temporelle ? J'anticipais alors une perte de mes repères antérieurs et un voyage introspectif : serait-ce difficile à supporter ? Bien d'autres avant moi avaient vécu l'isolement et la littérature allait peut-être m'aider. Comprendre comment d'autres avaient procédé auparavant dans des contextes presque similaires pourrait m'éclairer. Les observations et réflexions rassemblées dans ce livre en découlent.

En mars 2020, l'épidémie de coronavirus avait commencé à prendre son essor et le monde à se confiner peu à peu. L'organisation de mon quotidien et tous mes objectifs personnels et professionnels avaient été bouleversés comme ceux de la planète entière. En mai, alors que la période du confinement prenait fin en France, plus de 300 000 personnes dans le monde avaient déjà été tuées par le coronavirus et les gouvernements avaient pris des mesures à la fois salvatrices et catastrophiques. La pandémie ne s'est pas arrêtée là puisque, au moment de la relecture des épreuves de cet ouvrage au milieu du mois de septembre 2020, alors que la pandémie battait son plein, plus de 950 000 personnes y avaient succombé dans le monde, dont 200 000 aux États-Unis et 31 000 en France.

Après une annonce faite par le président Emmanuel Macron le 12 mars, la France a fermé ses écoles puis ses commerces, avant que toute la population soit finalement maintenue à domicile à compter du 17 mars à midi. Cette situation a finalement pris fin le 11 mai alors que, dans un premier temps, la perspective d'un confinement sans limite avait renforcé un sentiment subjectif d'insécurité généralisée. Après cette date et huit semaines de confinement, la levée des mesures s'est faite par étapes, sur une période de plusieurs mois. Plutôt qu'un retour à l'état antérieur, c'est une deuxième période comme suspendue qui a alors commencé. Un dîner au restaurant entre amis et un bon film au cinéma restaient des plaisirs impossibles. Dans le métro, chacun se rendait au travail masqué, telles des hordes de femmes et d'hommes sans visage. Les trottoirs voyaient se déployer de longues files d'attente angoissantes, que l'on ne pensait plus possibles depuis les rationnements d'après-guerre dans les années 1940. Un nouveau mode de vie s'amorçait dans un climat d'incertitude. Préfigurait-il le monde de demain ? Ce confinement était-il une plongée brutale sans retour possible vers un futur de l'homme connecté mais seul, protégé mais vulnérable ?

Revenons au mois de mars 2020. Un nouveau paramètre a fait irruption dans le quotidien de chacun, il s'agit du « nombre de lits en réanimation permettant une assistance respiratoire ». Jour après jour, comme un sablier inexorable, notre quotidien a été rythmé par l'annonce du nombre de nouveaux cas de contamination par le coronavirus, du nombre d'admissions en réanimation et du nombre de décès à l'hôpital en France. Trois nombres auxquels la France entière est restée suspendue tous les soirs durant de longs mois. Toute la société en dépendait. De ces chiffres découlait la perspective d'une possible réouverture de la droguerie du quartier, de la reprise de l'école, d'une prochaine soirée entre amis... De ces chiffres ont dépendu notre quotidien, nos possibilités, notre vie, à partir de mars 2020.

Tout était fermé. Le superflu avait été balayé. L'essentiel était devenu inestimable. Des scènes apocalyptiques de rixes autour de rouleaux de papier hygiénique délivrés au compte-gouttes ont donné une vision cauchemardesque de l'homme. Lire – ou du moins se procurer un nouvel ouvrage – était devenu un luxe, les librairies étant fermées. Comme un paradoxe dans ce contexte quasi crépusculaire, il était toujours possible de se procurer de l'alcool et du tabac.

Être médecin était pour moi à la fois une chance et un risque. Certes confronté au virus, je restais libre.

J'avais donc un passeport pour aller travailler, pour garder un quotidien auprès des autres, pour aider et pour continuer à vivre, alors que les Français dans leur extrême majorité avaient été sommés de rester chez eux, à l'exception de ce qui relevait de leurs besoins élémentaires. Comment allaient-ils faire face à cette situation, parfois même sans avoir la possibilité de la partager avec des proches ?

Selon Pascal, « rien n'est si insupportable à l'homme que d'être dans un plein repos, sans passions, sans affaires, sans divertissement, sans application ». Ne rien faire, se retrouver dans l'impossibilité d'accéder à des distractions renvoie à soi-même. Cela peut constituer une épreuve difficile, dans une société où l'immédiateté et la consommation sans frein sont légion. Coutumiers de la fuite en avant, d'une surenchère pour produire et être efficaces à tout prix et dans tous les domaines, nous nous sommes retrouvés confrontés à l'urgence de nous nourrir et de survivre. Tout le reste a été balayé. Cette expérience a rassuré certains et en a plongé d'autres dans un abîme de perplexité.

Pouvoir s'alimenter et rester en bonne santé sont donc devenus nos premières préoccupations. Le confinement est venu interroger nos choix et notre façon d'interagir avec le monde et avec les autres. En cela, la crise pouvait s'avérer salutaire pour certains, en les libérant des artifices habituels de leur existence et en les renvoyant à eux-mêmes. Pour d'autres, moins solides, elle serait en revanche une plongée vers un irrémédiable effondrement, dont ils se remettraient peut-être difficilement.

En ce qui me concerne, je n'ai expérimenté ni les effets d'un tel désœuvrement, ni même ceux de l'isolement social puisque j'ai continué à travailler et à vivre en famille. Par ailleurs, appartenir au corps des professionnels de santé a préservé mon sentiment d'utilité sociale. L'utilité est un sentiment subjectif mais participant de l'intégrité mentale de chacun.

Mon quotidien a tout de même été bouleversé. Mon agenda sur lequel étaient consignés nombre de rendez-vous – réunions, rencontres, consultations... – a été réduit à un simple mot en cinq lettres, suivi d'un nombre à deux chiffres : Covid-19. Mes échanges étaient désormais réglés par Zoom, Skype, LifeSize, Google Meet et autres FaceTime.

Je suis scrupuleux et je n'aime pas décevoir : cet écueil allait peut-être finalement être plus facile à éviter en cette période où tout était simplifié. Toute mon organisation a en effet disparu au profit d'une gestion au jour le jour des besoins immédiats, autour d'un plan de gestion de crise.

Je suis psychiatre dans un hôpital qui a décliné un plan blanc[1]. Du jour au lendemain toute notre énergie a été consacrée à la réduction du risque de contagion et à être en mesure de faire face à une éventuelle « vague de Covid-19 ». La pandémie nous a contraints à déployer le télétravail et les téléconsultations. Ces outils de crise se sont révélés ingénieux et même opérationnels à l'avenir pour pallier la désertification médicale.

Je suis également enseignant et chercheur. Cette fonction consiste à organiser et à délivrer des enseignements et à conduire des recherches. Or le changement a été brutal et radical à l'université. Plus aucune formation n'a été délivrée en son sein dès la mi-mars et des interventions par Internet ont été proposées à la place jusqu'en septembre.

Évaluer la qualité et l'efficacité des prises en charge est une priorité pour un médecin. Pour être utile au plus grand nombre, les résultats des recherches doivent être partagés avec la communauté scientifique et médicale. Pour ce faire, je voyageais régulièrement pour communiquer lors de différentes manifestations scientifiques. Les liens établis avec les collègues de cultures différentes, résidant dans différentes parties du monde, et les échanges qui en découlaient étaient à l'origine d'un enrichissement mutuel. En 2019, j'étais allé à San Francisco pour intervenir au congrès annuel de l'American Psychiatric Association, à Québec, pour donner une conférence à l'Université Laval et à Saint-Gilles, aux journées de psychiatrie

1. Organisation hospitalière temporaire destinée à faire face à une situation sanitaire exceptionnelle avec un accroissement notable de l'activité.

et de psychologie de la Réunion. Tous les congrès de 2020 ont été annulés dès le début de l'épidémie. Seuls des contacts sur les réseaux sociaux ont pu être maintenus. Au total, le sentiment d'être citoyen du monde, qui s'exerçait fortement pour moi dans un domaine – celui de l'enseignement et de la recherche – par essence international, a cessé au profit d'une relocalisation brutale dans mon environnement immédiat.

Globalement, dans le monde professionnel, les mesures de distanciation physique ont recentré les relations professionnelles de ceux qui avaient la chance de pouvoir continuer à travailler sur leurs seuls collègues immédiats, en respectant les distances de sécurité. Tout le reste est devenu virtuel.

Le fonctionnement normal de la société avec ses échanges commerciaux, ses loisirs et l'accès à la culture s'est interrompu. Les commerces, les cinémas, les restaurants et les musées ont fermé. Les festivals ont été annulés. Peu de responsables avaient anticipé qu'il soit possible que toute activité commerciale puisse cesser ainsi, en dehors des secteurs de l'alimentation, de la santé et des finances.

Comme les activités soignantes se sont poursuivies, j'ai pu parcourir pendant plusieurs semaines des rues vides cernées de devantures fermées (voir les photographies de la place des Jacobins et de la rue du Président-Édouard-Herriot à Lyon, toutes deux désertiques au lieu d'être noires de monde). J'ai fait l'expérience d'une réalité modifiée qui m'a renvoyé à ce que nombre des patients traités pour des troubles mentaux sévères m'avaient rapporté. Ceux qui se sont retrouvés enfermés chez eux ont subi un stress plus important encore, du fait des contraintes générées par la restriction de leurs déplacements. Pire, ceux qui ne télétravaillaient pas ont été à la fois enfermés et désœuvrés.

© *Marc-Henri Arfeux.*

© *Marc-Henri Arfeux.*

Au total, c'est donc un stress majeur et prolongé qui a été imposé à toute la population. À la contrariété causée par les restrictions en termes de déplacement, se sont ajoutées la peur des conséquences de l'infection virale et une expérience de séparation relative. Les Français ont vécu l'épreuve que Jean-Jacques Rousseau a subie durant l'été 1743 et qu'il a racontée beaucoup plus tard dans ses *Confessions.* Alors qu'il se rendait à Venise où il devait prendre les fonctions de secrétaire de l'ambassadeur de France, son bateau est resté bloqué en quarantaine à Gênes, à cause d'une épidémie de peste. Ayant eu le choix entre rester à bord ou se rendre dans un lazaret, où étaient confinées les personnes et les marchandises ayant pu être contaminées, il a choisi cette seconde option. Le lazaret ne comportait ni meubles, ni fenêtres : « Je restai là, maître de me promener à mon aise de chambre en chambre et d'étage en étage, trouvant partout la même solitude et la même nudité. » Grâce à son imagination et à une attitude positive, il semble avoir surmonté ce qui peut paraître à d'autres comme une épreuve très sévère sans connaître l'ennui. Il a rapporté une expérience du même ordre dans les *Rêveries du promeneur solitaire* où il a raconté son séjour dans l'unique maison d'une île située au milieu du lac de Bienne : « De quoi jouit-on dans une pareille situation ? De rien d'extérieur à soi, de rien sinon de soi-même et de sa propre existence, tant que cet état dure on se suffit à soi-même » (cinquième promenade).

Début 2020, les formes fulgurantes d'infection par le coronavirus avec insuffisance respiratoire et parfois décès rapide ne manquaient pas d'inquiéter, voire de créer un sentiment de panique chez certains. Au-delà des aspects psychologiques dont il va être question dans ce livre, le confinement a eu également des conséquences sur le corps de ceux qui le subissent : limiter l'activité physique entraîne une perte musculaire et une prise de poids, en raison du maintien d'un niveau de consommation alimentaire supérieur à la dépense énergétique.

Rapidement la question des conséquences de cette situation sur la santé mentale s'est posée. Dès les premiers jours du confinement, une personne ayant un trouble du spectre de l'autisme m'a fait part de la souffrance qu'elle subissait. Elle s'est dit l'objet d'une double peine : victime habituellement d'un confinement psychologique en lien avec son autisme, elle se trouvait de surcroît l'objet d'un confinement physique. Sa remarque contrastait avec le retour de nombreuses autres personnes autistes qui ont rapporté bien supporter le confinement, dans la mesure où elles l'affrontaient seules et en géraient les conditions. Ce ne sont peut-être pas les caractéristiques de l'autisme à proprement parler, mais plutôt de possibles troubles associés comme l'anxiété, les symptômes psychotiques, voire une déficience intellectuelle, qui ont rendu le confinement difficilement supportable pour une partie de cette population.

C'est dans ce contexte que, le 25 mars 2020, après avoir pris quelques jours pour préparer soigneusement ce travail, Frédéric Haesebaert, maître de conférences des universités-praticien hospitalier en psychiatrie, et moi avons lancé sur les réseaux sociaux une vaste enquête sur les facteurs pouvant aggraver ou protéger la santé mentale de la population générale des conséquences du confinement. Vingt-quatre heures plus tard plus de cinq mille personnes y avaient déjà répondu. Leur nombre a dépassé dix mille le surlendemain, puis vingt mille au bout d'une semaine.

L'intérêt pour cette thématique était-il la conséquence de la souffrance que les restrictions infligeaient à toute la population ? Quoi qu'il en soit les premières analyses concernant les données communiquées par environ onze mille quatre cents Français ont rapidement montré un effet négatif précoce sur leur santé mentale, notable dès la deuxième semaine de confinement, qui n'a pas cessé de s'aggraver au cours des semaines qui ont suivi. D'autres résultats avaient déjà montré qu'après deux mois de confinement presque la moitié de la population chinoise qui y avait été soumise pouvait être considérée comme souffrant de troubles mentaux caractérisés – dépression et troubles anxieux.

Ces éléments m'ont décidé, dès les premiers jours du confinement en France, au moment où nous concevions notre enquête, à approfondir ma réflexion au-delà de cette étude et à écrire ce livre. J'ai voulu cerner les conséquences que pouvait avoir le confinement sur la santé mentale et comprendre comment y faire face. J'ai rapidement craint que l'impact sur la santé mentale ne soit plus sévère que les effets directs du virus, dans la mesure où il serait en partie différé et aggravé par les conséquences économiques et sociales prévisibles de la crise. Au regard des connaissances générales sur les effets du stress et des observations sur les populations confinées, je me suis demandé comment la plupart des États du monde pouvaient exposer d'abord des millions puis des milliards de personnes à un stress pouvant causer des troubles psychiques potentiellement sévères et prolongés pour limiter la propagation de l'épidémie, alors que la distanciation physique avec port de masques est très efficace lorsqu'elle est utilisée de manière stricte. Les bénéfices allaient-ils compenser les risques ? La lecture de cet ouvrage ne pourra pas apporter une réponse univoque à cette question complexe et multifocale, mais je souhaite qu'elle plaide au moins pour que la santé mentale soit prise en compte au premier chef dans la gestion d'une future épidémie ou de la résurgence de celle-ci.

Dès la mi-mars, j'ai commencé à regrouper la documentation concernant le sujet, puis à en présenter les résultats de la manière la plus didactique possible. Cette tâche m'a accompagné pendant toute la durée de la crise. Le livre que vous avez entre les mains est un pur produit de la période du confinement puisque j'ai apporté la dernière touche au manuscrit durant le week-end qui a précédé le déconfinement du lundi 11 mai 2020, en dehors de corrections ou d'ajouts ponctuels effectués lors des différentes phases de relecture du processus éditorial.

À titre personnel, me consacrer à l'écriture m'a permis de me sentir en harmonie avec le contexte et de mieux comprendre ce que vivaient les personnes dont j'avais la charge en tant que psychiatre. Avec cet ouvrage je souhaite partager l'analyse des conséquences psychologiques avec vous et tenter d'en amoindrir l'impact. Ce livre s'adresse à tout le monde, contrairement à mes précédents ouvrages, tous destinés à des publics ciblés : les personnes concernées par la schizophrénie, celles qui s'intéressent à la gestion des troubles cognitifs pour mes deux livres publiés chez Odile Jacob ou encore les professionnels de santé quant aux autres, parus chez Elsevier.

Les conséquences d'une restriction de déplacements et de contacts sociaux étaient déjà connues avant le confinement de masse du printemps 2020. Des études scientifiques ont montré l'impact de l'isolement social sur le cerveau de l'homme et de l'animal. Par ailleurs, les sous-mariniers, les astronautes, les spéléologues, certains plongeurs à très grande profondeur, mais aussi certains prisonniers, connaissent déjà les contraintes de l'isolement. Enfin des populations soumises à des épidémies avaient déjà été confinées, mais sur de courtes durées, plus brèves en tout cas qu'en 2020, et il s'était toujours agi de populations réduites. Jamais autant de personnes n'avaient été confinées aussi longtemps et sans l'avoir choisi dans un contexte de peur, de menace pour soi et pour les autres et d'hyperconnexion.

Je vous invite donc à faire un grand voyage dans le temps et dans l'espace, à vous plonger dans différentes situations extrêmes et dans les données de la science qui leur sont consacrées, afin de mieux saisir les conséquences de ces circonstances sur l'être humain. Après avoir envisagé le rôle de l'axe du stress, leur impact spécifique sera abordé dans la suite du livre, avant d'aborder quelles conséquences physiologiques et psychologiques les différents types de confinement peuvent avoir. Le confinement de masse sera ensuite envisagé selon ses différents enjeux, notamment ce qui permet de l'affronter au mieux. La dernière partie du livre est consacrée aux conséquences de la crise de Covid-19 puis à la manière de faire face à un confinement de masse. Tout au long de cet ouvrage, j'ai souhaité vous interpeller en vous associant à une réflexion liée à une période que nous avons tous partagée et traversée, chacun selon ses spécificités propres.

PREMIÈRE PARTIE

La santé mentale à l'épreuve du confinement

CHAPITRE 1

Les définitions du confinement

Qu'appelle-t-on confinement ?

La notion de confinement recouvre en partie celle d'enfermement. Elle s'en distingue par le fait que le confinement peut impliquer une participation volontaire, alors que l'enfermement est imposé à la personne. Ce mot désigne le fait de ne pouvoir quitter un lieu donné, voire d'être contraint de rester à un endroit où l'on ne souhaiterait pas être.

Tout confinement est nécessairement associé à une limitation des contacts sociaux. C'est d'ailleurs le premier objectif en cas d'épidémie pour réduire le nombre des contaminations. De manière plus large, il faut distinguer les confinements solitaires des confinements de groupe.

À côté des mesures imposées en période épidémique, dont il sera largement question dans la suite de cet ouvrage, des personnes sont placées en situation de confinement pour d'autres motifs pendant des durées parfois prolongées.

À l'extrême, certaines d'entre elles le vivent seules. Elles cumulent alors les conséquences du confinement et celles d'une privation sensorielle. Nous allons considérer les effets de ces différents types de situations afin de comprendre les effets émotionnels, psychologiques et physiologiques subis par les personnes qui y sont soumises. Ces effets, conséquences de l'adaptation de l'organisme et de la pensée à la contrainte, sont ceux du stress.

De la quarantaine au confinement

Le mot *confinement*, dont l'usage s'est généralisé lors de la crise de 2020, définit le maintien des personnes à leur domicile associé à une restriction de déplacement. Ce concept a supplanté celui de *quarantaine*, dont le principe est le même : limiter les contaminations dans le cadre d'une épidémie. Dans le confinement, le principe de la quarantaine est appliqué à toute la population à titre préventif.

Restreindre les déplacements des personnes qui ont pu être exposées à une maladie contagieuse – et sont donc potentiellement en incubation – et les séparer des autres permet de réduire le risque qu'elles puissent la transmettre à d'autres personnes. Le confinement et la quarantaine diffèrent de l'isolement, qui consiste à séparer des personnes indemnes d'une maladie des personnes chez qui cette maladie contagieuse a été diagnostiquée – et est donc effectivement présente, alors que dans la quarantaine ou le confinement il s'agit simplement du risque qu'elle soit présente. Néanmoins ces trois termes sont fréquemment utilisés les uns pour les autres, notamment dans la communication à destination du grand public.

Le mot *quarantaine* renvoie étymologiquement à une durée de quarante jours. Il est apparu en France à la fin du XIIe siècle, après avoir été utilisé initialement en 1127 à Venise, face à la lèpre. Son usage s'est répandu en réponse à la peste noire qui sera évoquée plus loin. Avant la pandémie de coronavirus de 2020, dite Covid-19 car le virus est apparu en 2019, ayant conduit des pays entiers à se placer en quarantaine de masse, des mesures de ce type avaient déjà été imposées durant les dernières décennies, à l'échelle des villes dans certaines régions de Chine et du Canada lors de l'épidémie de syndrome respiratoire aigu sévère (SRAS) de 2003. Des villages ont également été mis en quarantaine dans de nombreux pays d'Afrique de l'Ouest lors de l'épidémie d'Ebola de 2014.

Le concept de santé mentale

Selon la définition globale donnée par l'OMS[1], la santé relève de la sphère du bien-être. Selon cette organisation, la santé correspond en effet à un « état de complet bien-être physique, mental et social [... qui] ne consiste pas seulement en une absence de maladie ou d'infirmité ». La santé mentale quant à elle découle d'un « état de bien-être qui permet à chacun de réaliser son potentiel, de faire face aux difficultés normales de la vie, de travailler avec succès et de manière productive et d'être en mesure d'apporter une contribution à la communauté ».

Être en bonne santé mentale se traduit donc par un état de bien-être émotionnel, psychique et cognitif. Se sentir bien

1. https://www.who.int/topics/mental_health/fr.

ne suffit pas à définir cet état. La santé mentale s'étend bien au-delà d'un simple ressenti positif. Pour atteindre et conserver une santé mentale satisfaisante, il faut aussi se sentir utile, avoir de l'espoir, réussir ce que l'on fait et croire en soi. Au-delà d'un vécu personnel de qualité, de nombreux facteurs, personnels, conjugaux, familiaux, sociaux et professionnels entrent en jeu. Leur combinaison détermine le bien-être. C'est la personne dont il est question qui doit le définir. Il n'y a qu'elle qui soit en mesure de le faire, car elle tient compte de ses propres attentes.

La santé mentale implique plus qu'une simple absence de troubles mentaux, quels qu'ils soient. Certes un trouble mental non stabilisé et mal accepté n'est pas favorable à une bonne santé mentale. Néanmoins il est possible d'avoir une santé mentale satisfaisante après avoir cheminé et dépassé les conséquences d'un tel trouble et s'être rétabli.

Le bien-être mental recouvre dans une large mesure la notion de *santé mentale positive*. Bien-être mental et santé mentale positive sont des constructions scientifiques complexes et hétérogènes. On peut les décrire en s'appuyant sur deux termes d'étymologie grecque qui désignent deux dimensions complémentaires, la dimension hédonique et la dimension eudémonique. La première caractérise l'expérience subjective du bonheur et la satisfaction de la vie, alors que la seconde se rapporte au fonctionnement psychologique et à la réalisation de soi.

S'intéresser au bien-être mental, ce n'est pas seulement constater une absence de troubles, vision par trop incomplète, d'une part, et peu mobilisatrice, d'autre part, étant donné la stigmatisation dont font encore l'objet les troubles mentaux quels qu'ils soient. C'est également étudier, rechercher les signes d'un état plus global de bien-être général. La santé mentale concerne tout le monde, alors que la psychiatrie ne concerne qu'une partie de la population (certes non négligeable et de mieux en mieux jugée, mais encore volontiers considérée à part).

Comment évaluer la santé mentale ?

Principal pilier de la santé mentale, le bien-être mental peut être évalué par une procédure très simple, reposant sur des questionnaires. Plusieurs sont disponibles. Seule l'Échelle de bien-être mental de Warwick-Edinburgh (Warwick-Edinburgh Mental Well-being Scale : WEMWBS) va être présentée ici. C'est elle qui a été utilisée lors de l'enquête sur la santé mentale réalisée en période de confinement dont il sera question plus loin.

Conçue dans les années 2000 par une équipe écossaise, la WEMWBS comprend quatorze propositions portant sur différents aspects de la santé mentale positive. Cette échelle prend en compte les dimensions émotionnelle, cognitive et psychologique du bien-être mental. Les quatorze intitulés sont à dessein formulés positivement. La WEMWBS a fait l'objet d'une traduction en français présentée ci-dessous et largement utilisée.

Échelle de bien-être mental de Warwick-Edinburgh (WEMWBS)

Les affirmations ci-dessous concernent vos sensations et vos pensées.

Cochez la case qui correspond le mieux à votre vécu durant les deux dernières semaines.

VÉCU	Jamais	Rarement	Parfois	Souvent	Tout le temps
Je me suis senti(e) optimiste quant à l'avenir	1	2	3	4	5
Je me suis senti(e) utile	1	2	3	4	5
Je me suis senti(e) détendu(e)	1	2	3	4	5
Je me suis senti(e) intéressé(e) par les autres	1	2	3	4	5
J'ai eu de l'énergie à dépenser	1	2	3	4	5
J'ai bien résolu les problèmes auxquels j'ai été confronté	1	2	3	4	5
Ma pensée était claire	1	2	3	4	5
J'ai eu une bonne image de moi	1	2	3	4	5
Je me suis senti(e) proche des autres	1	2	3	4	5
Je me suis senti(e) confiant(e)	1	2	3	4	5
J'ai été capable de prendre mes propres décisions	1	2	3	4	5
Je me suis senti(e) aimé(e)	1	2	3	4	5
Je me suis senti(e) intéressé(e) par de nouvelles choses	1	2	3	4	5
Je me suis senti(e) joyeux(se)	1	2	3	4	5

Dans l'étude initiale réalisée au Royaume-Uni (Angleterre et Écosse), le score médian[1] à la WEMWBS était de 51 pour la population générale et 50 pour les étudiants. Dans une étude réalisée en France ultérieurement, le score médian était de 53 chez des adultes ayant un emploi, de 53 chez des étudiants mais de 45 seulement chez des personnes ayant des troubles mentaux sévères. Le score de bien-être mental peut fournir de précieuses indications pour évaluer l'impact d'un événement, aussi bien pour une personne donnée en répétant la mesure par exemple, qu'au niveau d'une population.

Un faible score à une autre échelle de bien-être, le WHO-Five-Well-Being Index[2], a été considéré comme un marqueur de dépression dans l'une des études réalisées en Chine au moment de la première phase de l'épidémie de Covid-19. Or cette extrapolation est simpliste. Réduction du bien-être et dépression ne sont pas superposables. Certes une dépression peut expliquer une réduction du bien-être, mais d'autres causes psychiatriques ou des causes non psychiatriques entraînent fréquemment le même effet.

Pour établir la présence d'une pathologie, quelle qu'elle soit, il est préférable de recourir à des échelles spécifiques, qui peuvent être autoévaluatives (c'est la personne qui les remplit, à l'instar de celles que nous venons d'évoquer) ou hétéroévaluatives (dans ce cas c'est un professionnel qui les remplit – cette modalité d'évaluation doit être préférée quand la personne concernée n'est pas en mesure de décrire ses

1. La médiane est la valeur qui occupe la place du milieu au sein de résultats chiffrés, ici un score pour chacun des membres d'une population : la moitié d'entre eux a obtenu ce score ou un score inférieur, l'autre moitié ce score ou un score plus élevé.
2. https://www.psykiatri-regionh.dk/who-5/Documents/WHO5_French.pdf

difficultés, par exemple une perte d'expressivité faciale dans le cas d'une dépression sévère).

Afin d'avoir une vue d'ensemble des conséquences du confinement, il est intéressant de considérer son impact sur la santé mentale de manière globale, plutôt que se contenter de rechercher l'apparition de troubles caractérisés. Concrètement, une dégradation du bien-être précède souvent la constitution d'un trouble. Il est donc essentiel de repérer les premières étapes d'une fragilisation vécue par la personne. Une telle approche épidémiologique sera envisagée à la fin de l'ouvrage grâce aux résultats de l'enquête qui a été réalisée en période de confinement prolongé.

CHAPITRE 2

Conséquences du confinement : l'activation de l'axe du stress

Lorsque le confinement a été instauré et que nous avons perdu nos repères, le stress nous a submergés. Examinons ces mécanismes et tentons de comprendre comment et à partir de quand le stress devient délétère. Ce chapitre est le seul du livre qui soit un peu technique. Si vous ne souhaitez pas augmenter votre niveau de connaissance dans ce domaine, je vous invite à vous reporter directement au chapitre 3, page 48. Malgré ce saut, vous pourrez appréhender la suite de ce livre sans difficulté.

Le stress, une réaction de l'organisme face au changement

Le concept de stress a été développé dès les années 1930. La compréhension de ses mécanismes a connu une évolution spectaculaire et a fait l'objet d'un grand succès populaire. Le terme *stress* a désormais intégré le langage commun.

Le stress a été reconnu comme pouvant causer ou favoriser des troubles de l'humeur, des troubles anxieux, des maladies cardio-vasculaires, des désordres métaboliques, des pathologies auto-immunes et inflammatoires ou encore des troubles musculo-squelettiques. Chacun peut ainsi être concerné par les effets du stress, qui se manifestent dans la vie affective, sociale et professionnelle.

La définition du concept de stress revient à un médecin d'origine viennoise, Hans Selye. Après avoir étudié la médecine à Prague dans les années 1920, puis occupé les fonctions de professeur adjoint à l'Université McGill, Selye a fondé puis dirigé l'Institut de médecine et de chirurgie expérimentale de l'Université de Montréal.

Selye considérait le stress comme une réaction non spécifique d'un organisme donné, dont les manifestations lui sont propres et diffèrent de celles d'un autre individu. Selon lui, le stress recouvre l'ensemble des réactions physiologiques permettant de s'adapter à un nouveau contexte. Le concept de stress s'appuie sur les notions de « fixité du milieu intérieur » proposée par Claude Bernard au milieu du XIXe siècle et d'homéostasie développée plus tard par Walter Cannon. D'un point de vue littéral, le mot *stress*, qui signifie « contrainte » en anglais, désigne les facteurs de stress, ou stresseurs, alors que le terme *strain* (« fatigue ») s'applique à leurs conséquences, c'est-à-dire les processus développés par l'organisme en réponse à la contrainte. Selye utilisait le mot *stress* pour désigner ces conséquences physiologiques et psychologiques.

La réponse de stress peut permettre d'affronter une situation de danger majeur et d'y survivre. En cas de danger moindre, elle permet de faire face au mieux. Elle ne devient délétère que lorsqu'elle s'inscrit dans la durée.

Le stress comporte deux étapes, aiguë puis, s'il se prolonge, chronique. La première est une réponse adaptative de l'organisme : la sécrétion conjointe de neurotransmetteurs, de neuropeptides et d'hormones permet à l'être humain de s'adapter à une situation nouvelle pouvant représenter un péril. Lorsqu'un stress marqué se prolonge et devient chronique, ses effets peuvent être délétères et favoriser le développement de diverses maladies. On considère d'ailleurs celles-ci comme la conséquence d'une dérégulation des systèmes de stress.

Le stress peut être bénéfique quand il nous alerte ponctuellement sur un danger et nous mobilise, mais il devient délétère lorsqu'il nous conduit à réagir douloureusement face à toute nouveauté. La sensibilité au stress est très variable d'une personne à l'autre.

Selon le degré de vulnérabilité de la personne, un stress d'intensité élevée sera néfaste, en particulier s'il se prolonge. Un stress modéré, et en tout cas nettement en deçà de ce que la personne peut endurer au maximum, lui permettra de devenir plus performante. Selye désignait ce phénomène salvateur par l'appellation *stress positif* ou *Eustress*. Si le stress se rapproche du seuil de ce que la personne peut endurer, il reste tolérable mais, s'il le franchit, il devient défavorable ou toxique, avec de multiples conséquences possibles sur la santé.

Ces effets respectent la loi de Yerkes et Dodson, développée dès 1908, qui a établi une relation entre le niveau de performance et le niveau d'éveil. Selon cette loi, lorsque le niveau d'éveil d'un individu est trop faible ou trop élevé, les performances décroissent. Cette loi a été appliquée aux effets du stress en fonction de son intensité. Ainsi un stress trop faible est à l'origine d'un manque de prise en compte de la situation à traiter par manque d'implication ; un stress trop élevé est associé à une fatigue ne permettant pas non plus d'y faire face correctement. Le niveau de stress optimal est situé entre les deux, selon une courbe en cloche (voir Figure 1).

Figure 1. Relations entre l'intensité du stress et le niveau de performance

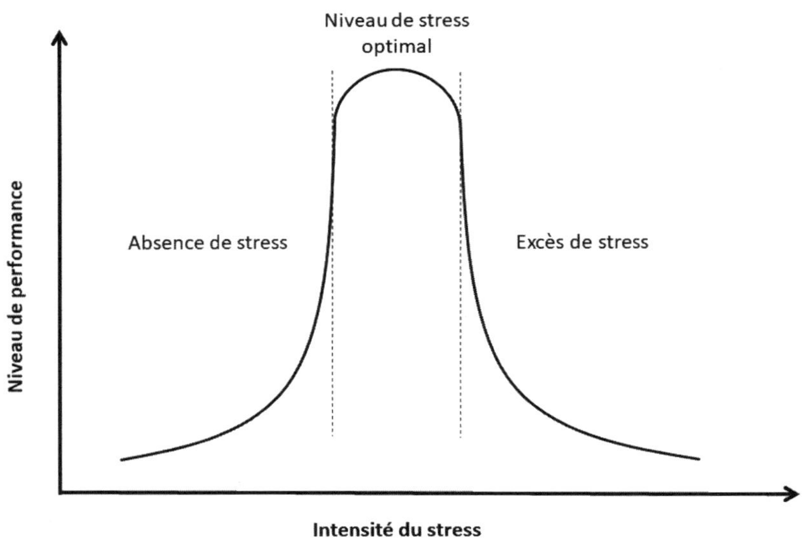

Les deux systèmes de stress

Dès que des informations menaçantes ont été identifiées par le cerveau, deux systèmes s'activent en même temps : l'axe hypothalamo-hypophyso-surrénalien et le système sympathique. La sécrétion d'hormones du stress, dont l'adrénaline et le cortisol, occupe une place centrale dans la cascade d'événements biologiques qui intervient. L'action conjointe des deux systèmes prépare l'organisme à faire face à la situation en mobilisant le métabolisme et l'immunité.

L'axe hypothalamo-hypophyso-surrénalien comprend une glande endocrine dite cortico-surrénale, car située au-dessus de chaque rein. Celle-ci produit des hormones appelées glucocorticoïdes (la principale étant le cortisol), dont la sécrétion est sous le contrôle de l'hypothalamus et de l'hypophyse.

Le système sympathique, également appelé système nerveux orthosympathique, agit par l'intermédiaire de fibres nerveuses. Il est responsable de fonctions qui échappent au contrôle volontaire, telles que la contraction ou la dilatation des vaisseaux sanguins, la motricité digestive, la motricité du cœur et la sudation. C'est un système à deux neurones, les premiers allant de la moelle épinière à des ganglions et les seconds des ganglions en question à la glande médullo-surrénale et aux tissus cibles. Les seconds neurones et la médullo-surrénale sécrètent principalement deux neurotransmetteurs, la noradrénaline et l'adrénaline, qui constituent la catégorie des catécholamines.

L'activation du système sympathique prépare l'organisme à agir. Cette préparation implique une augmentation de la fréquence cardiaque (ou tachycardie), une augmentation de la pression artérielle, un ralentissement de la motricité intestinale et une vasoconstriction périphérique (tous quatre contribuant à une meilleure irrigation des muscles), une augmentation de la sudation (protégeant le corps d'une élévation trop importante de sa température), une augmentation du diamètre des bronches (ou bronchodilatation, permettant d'améliorer l'oxygénation du sang), une libération de glucose par le foie (afin de permettre l'effort musculaire) et une dilatation des pupilles ou mydriase (favorisant la perception des stimuli visuels de danger).

Physiologie et biologie du stress

Les stresseurs entraînent des manifestations non spécifiques physiologiques, cognitives et émotionnelles. Tout événement vécu comme menaçant, toute situation à l'issue incertaine entraîne un stress aigu qui permet de revenir à une nouvelle situation d'équilibre. Chez l'humain, ces réponses interviennent sans que la personne en ait conscience.

L'amygdale – une région cérébrale du lobe temporal médian qui joue un rôle dans la perception et dans l'expression des émotions – et le locus cœruleus – une zone située dans le tronc cérébral qui relie la partie inférieure du cerveau à la moelle épinière et prend part aux réactions de peur et au cycle veille-sommeil – contribuent à l'expression des comportements de stress. Ces structures, étroitement reliées entre elles, reçoivent des informations du cortex préfrontal, qui analyse les conséquences de la situation, et de l'hippocampe, qui peut établir un lien avec des expériences similaires antérieures.

La libération d'hormones appelées catécholamines (l'adrénaline et la noradrénaline) par les neurones du locus cœruleus et de neurotransmetteurs tels que la dopamine, l'acétylcholine et la sérotonine par l'amygdale favorise une augmentation de la vigilance. L'intensification du traitement des stimuli perceptifs qui en découle permet de prendre en compte plus efficacement la menace à laquelle l'organisme est exposé. La sécrétion de CRH (corticotropin releasing hormone) par l'hypothamus étend la réponse de stress à tout l'organisme. Cette hormone a un effet sur la médullosurrénale, *via* le locus cœruleus, dont elle stimule la libération d'adrénaline et de noradrénaline. Elle augmente la sécrétion de noradrénaline par tout le système sympathique. La sécrétion de CRH entraîne également, indirectement *via* la sécrétion d'une hormone spécifique par l'hypophyse, la libération de cortisol par la glande corticosurrénale. L'augmentation de la glycémie qui en résulte met à la disposition de l'organisme une source d'énergie facilement exploitable. Au total, la réaction de stress est une cascade de processus biologiques déployée par notre organisme afin de lui permettre d'affronter une nouvelle situation.

Certaines hormones du stress agissent très vite. L'action des catécholamines se manifeste en seulement quelques secondes ou, au plus, en quelques minutes. Les effets du cortisol s'expriment plus lentement (voir Figure 2). Les catécholamines augmentent immédiatement l'éveil, la capacité à prendre une décision, la pression artérielle et la fréquence respiratoire. Elles contribuent de manière transitoire à améliorer l'immunité et en même temps à réduire la digestion, la reproduction et la croissance afin que l'énergie qu'elles mobilisent d'habitude soit disponible pour permettre au

Figure 2. Chronologie des effets des hormones du stress
(selon Moisan et Le Moal, 2012)

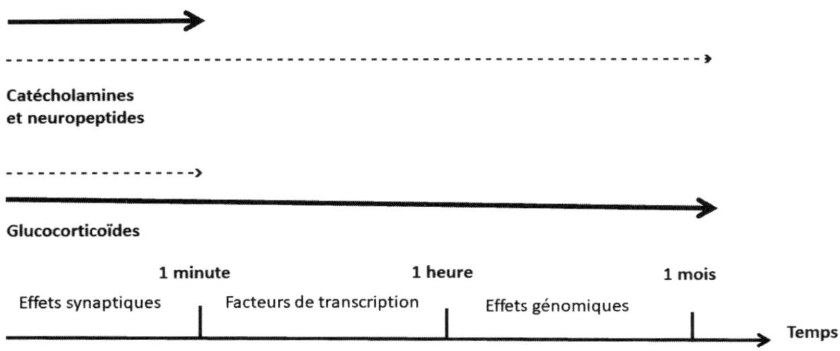

cerveau et aux muscles de répondre à la situation de stress. Elles mobilisent également des réserves énergétiques dans le même but. L'action du cortisol s'étend sur plusieurs heures après le début de la situation. Les effets de cette hormone sont aussi favorables à la production d'énergie, en puisant dans les réserves de l'organisme grâce en particulier à une libération de glucose par le foie.

Les effets du stress ne sont pas les mêmes selon sa durée. On distingue trois étapes. La première est la phase d'alarme qui peut entraîner une sidération chez la personne. La deuxième est la phase d'adaptation et de résistance, qui se traduit par une réduction des difficultés initiales. Enfin, la troisième est la phase d'épuisement, durant laquelle peuvent apparaître des complications. Celles-ci se développent si le stress se prolonge trop et que les capacités d'adaptation de l'organisme sont dépassées.

Effets au long cours et neurobiologie du stress

Le cerveau, au premier plan dans l'analyse des informations provenant de l'extérieur, et en particulier dans la détection des stimuli de danger, est à l'origine de l'activation des systèmes de stress (voir Figure 3). Il subit en retour certaines conséquences de cette activation (voir Figure 4). Lorsque le stress se prolonge et qu'un retour à l'équilibre n'est pas possible, des modifications biologiques et psychologiques s'inscrivent dans la durée. Elles peuvent avoir diverses conséquences pathologiques. Lesquelles ?

Un taux élevé de cortisol dans la durée a un impact délétère sur le cerveau, à l'origine d'une altération des fonctions cognitives. Les glucocorticoïdes et les catécholamines peuvent en effet entraîner des modifications de l'architecture cérébrale. Les effets du cortisol s'exercent en particulier sur l'hippocampe (avec réduction de volume, diminution des connexions entre neurones et perte neuronale). L'hippocampe joue un rôle dans la mémorisation et permet de se repérer dans l'espace. Les effets du cortisol sur l'hippocampe sont partiellement réversibles. Ils s'exercent de manière similaire sur le cortex préfrontal médian (qui joue un rôle dans l'explicitation des émotions). Au niveau du cortex orbitofrontal (impliqué dans le processus de décision et dans la motivation) et de l'amygdale (contribuant aux émotions de peur, voire de plaisir), ils entraînent une hypertrophie neuronale.

Toutes ces modifications ont des conséquences sur l'attention, sur la mémoire, sur l'apprentissage et sur la flexibilité du comportement. Malgré la disparition des stresseurs, certaines anomalies de la structure de l'amygdale et un vécu de peur peuvent persister dans la durée, alors que les autres anomalies rentrent dans l'ordre grâce à la plasticité neuronale.

Figure 3. Structures cérébrales (coupe antéropostérieure) impliquées dans le stress

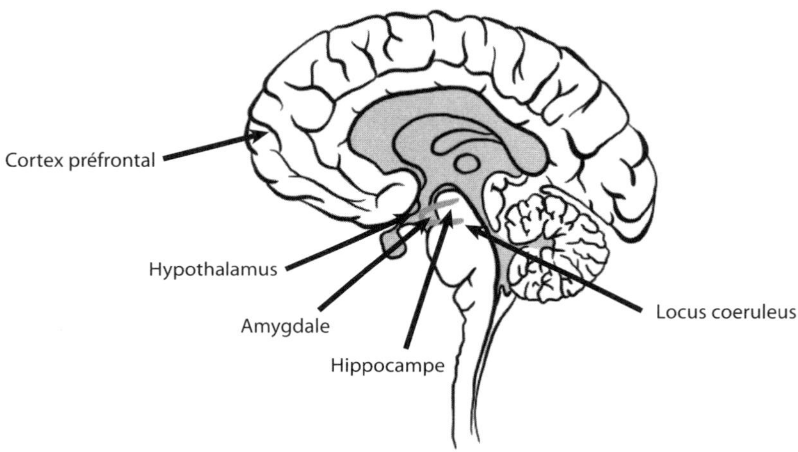

Figure 4. Effets du stress au long cours sur le cerveau

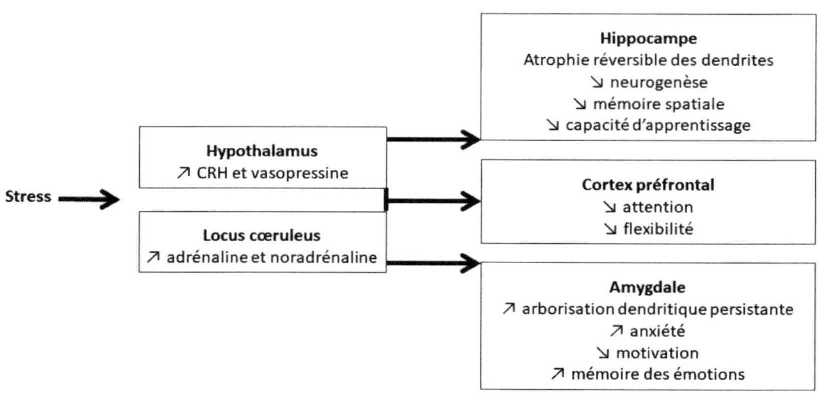

En cas de stress prolongé, on peut observer une rétraction ou une expansion des dendrites (prolongements des neurones recevant l'influx nerveux), une diminution ou une augmentation de la densité des synapses (points de contact permettant la transmission de l'information entre neurones) et une inhibition de la neurogenèse (naissance de nouveaux neurones) au niveau du gyrus dentelé. Cette dernière structure fait partie de la formation hippocampique, qui est impliquée dans la mémorisation des informations et dans la constitution de cartes spatiales. Les performances dans ces domaines risquent donc d'être altérées par un stress de longue durée.

Alors que les modifications qui viennent d'être décrites sont dues à une augmentation initiale du taux de cortisol, ce dernier peut évoluer vers une diminution. Toutefois, une baisse trop importante du cortisol peut également avoir des effets néfastes. L'hypocortisolisme pourrait jouer un rôle dans le stress chronique, les états de stress post-traumatiques et le burn-out. Il entraînerait aussi la libération de molécules de l'inflammation (cytokines), pouvant favoriser le développement de certains troubles mentaux, du diabète et de maladies cardio-vasculaires.

La réponse au stress est très différente d'une personne à l'autre. Elle dépend de facteurs génétiques, mais aussi des expériences précoces et des événements vécus. Les enfants et les adolescents sont particulièrement sensibles au stress, du fait de leur immaturité cérébrale. Les personnes âgées le sont également, à cause du vieillissement de l'axe corticotrope.

Émotions du stress

Le mot *émotion* désigne dans le langage courant un ressenti, quelque chose qui nous touche, de l'ordre du vécu à la fois psychique et corporel. Ce ressenti peut être agréable ou désagréable. Les émotions se caractérisent par la coexistence de modifications physiologiques et comportementales et de représentations chargées d'affect.

Les principales *émotions de base* sont la joie, la surprise, la peur, la colère et la tristesse. Leurs caractéristiques communes sont l'existence d'événements déclencheurs universels, une apparition spontanée et rapide, une durée brève, une perception automatique, une expression cohérente avec l'expérience vécue, une universalité de leur expression et de leur reconnaissance, ainsi qu'un tableau d'activation végétative spécifique à chacune d'entre elles. Ce dernier se traduit concrètement, selon l'émotion concernée, soit par une rougeur du visage, soit par une modification du rythme cardiaque et respiratoire, soit par une sudation ou une combinaison de ces différentes manifestations.

Plusieurs émotions peuvent être liées au stress. Dans la phase d'alarme, la peur, la surprise et la colère dominent. La peur comprend de nombreuses nuances qui prennent place au sein d'une vaste palette. Toutes les nuances de peur peuvent être associées au stress, d'une simple tension mentale, à la nervosité, l'appréhension, la sensation de perdre le contrôle des événements ou encore à la conviction d'une catastrophe imminente, jusqu'à la panique. Dans la phase d'adaptation, c'est la résignation qui domine. Dans la phase d'épuisement, l'irritabilité, la fatigue et l'anxiété sont au premier plan.

La composante psychique de la peur est l'anticipation d'un événement dangereux assortie d'un désir de fuir. Sa composante physique, comme nous l'avons vu plus haut, comprend une réaction végétative avec augmentation du rythme cardiaque et abaissement de la température cutanée. À l'évidence, ces modifications ont pour effet de faciliter le travail musculaire nécessaire soit à la fuite, soit au combat.

Il a été question plus haut de la loi de Yerkes-Dodson qui décrit la relation en forme de U inversé (voir la Figure 1, p. 36) qu'entretiennent l'intensité du stress et le niveau de performance. Or le seuil décrit par celle-ci dépend du degré de vulnérabilité de chaque personne. Un stress d'une intensité donnée peut aussi bien être très stimulant pour certaines personnes que totalement bloquant pour d'autres. Chacun gagnerait à connaître le niveau de stress qui lui est profitable et celui qu'il ne devrait pas dépasser.

Deux structures cérébrales jouent un rôle central dans la production des émotions :

- le cortex préfrontal ventromédian, indispensable à la fois à l'expression d'émotions, mais aussi au raisonnement, dont l'action confère aux émotions un effet sur les processus de raisonnement ;
- l'amygdale, impliquée dans l'expression des émotions et dont le noyau latéral joue un rôle dans l'apprentissage et l'expression de la peur.

L'origine centrale ou périphérique des émotions a été longtemps débattue (voir l'encadré), avant que l'on connaisse l'implication du cortex frontal dans les émotions. C'est dans cette zone du cerveau que sont intégrées les informations venues de l'intérieur du corps et celles qui proviennent de l'extérieur par le biais des sens.

Controverse sur l'origine centrale ou périphérique des émotions

Cette célèbre controverse a opposé James et Lange à Cannon au début du xxe siècle. Les premiers ont prôné une origine corporelle, donc périphérique, des émotions, alors que le second s'est élevé contre une telle hypothèse et a défendu leur origine centrale.

Pour James et Lange, les émotions n'étaient que la perception de phénomènes corporels. Selon leur conception, par exemple, le fait de voir quelque chose d'effrayant augmente le rythme cardiaque ; la perception de cette réponse corporelle à un stimulus n'intervient que consécutivement pour constituer l'émotion *peur*. À l'extrême, les gens n'auraient donc peur que parce qu'ils se sauveraient, seraient heureux parce qu'ils souriraient, seraient tristes parce qu'ils pleureraient, etc. Dans cette approche, les changements physiologiques tels que l'excitation du système sympathique découleraient directement des perceptions.

Or Cannon, qui était physiologiste, a pu mettre en évidence des réactions émotionnelles chez des sujets dont les viscères avaient été séparés du système nerveux central. Cette observation a contredit l'hypothèse que les émotions pourraient être directement causées par des changements physiologiques d'origine viscérale.

Au-delà de cette controverse, il est maintenant clair que des représentations mentales sont à l'origine d'émotions, comme les émotions suscitent l'apparition de représentations mentales. Si l'adhésion à la première assertion est évidente (penser à quelque chose de triste peut faire pleurer), la deuxième est moins intuitive. Or Ekman et ses collaborateurs ont montré que le fait de faire adopter à des acteurs professionnels des mimiques et des postures particulières induisait chez eux l'apparition d'affects et de représentations mentales correspondant à ce qu'ils jouaient. Il y aurait donc une réciprocité entre la composante physique et la composante psychique des émotions, l'une et l'autre impliquant des systèmes séparés retentissant mutuellement l'un sur l'autre.

Quelles conséquences peut-on en tirer pour la compréhension du ressenti liée au stress chronique ? Selon une perspective intégrative, les émotions du spectre de la peur peuvent aussi bien être entretenues par un contexte objectivement anxiogène (par exemple le confinement) que par des sensations perturbées, voire par l'imitation des postures d'autres personnes exposées aux mêmes contraintes. Un effet de contagion est en effet possible. Lors du confinement, ce phénomène a pu par exemple être favorisé par le fait d'écouter en boucle des informations sur les effets de l'épidémie qui finissent par devenir anxiogènes.

CHAPITRE 3

Effets du stress sur la santé mentale

Le stress chronique peut favoriser l'expression des diverses formes de fragilité qu'il rencontre. Il agit ainsi comme un facteur déclencheur ou aggravant non spécifique. Dans le champ de la santé mentale, il peut révéler, entretenir ou aggraver n'importe quels troubles.

Quels troubles mentaux le stress peut-il favoriser ?

Les modes d'expression d'une souffrance mentale sont très variés. Chacun peut avoir une fragilité dans un ou plusieurs domaines, pouvant résulter de l'effet combiné de facteurs génétiques et d'autres causes pouvant entraîner des anomalies plus ou moins marquées de la structure ou du fonctionnement du cerveau. Franchir son seuil de vulnérabilité, du fait d'un stress trop intense par rapport à ce que l'on est capable d'endurer, peut conduire à l'apparition de l'un ou l'autre des troubles mentaux dont il va être question dans les paragraphes suivants.

Distinguons les troubles mentaux fréquents des troubles mentaux sévères. Parmi les premiers, les troubles anxieux et les dépressions sont les plus courants. Ils touchent environ 15 % de la population. Dans les troubles anxieux, la peur s'installe de manière durable. Dans les dépressions, c'est le pessimisme, la tristesse et le ralentissement qui dominent.

Les troubles mentaux sévères, qui concernent 3 à 5 % de la population, regroupent les troubles du spectre de la schizophrénie, les troubles bipolaires et certaines formes sévères de troubles de la personnalité. Dans la schizophrénie, l'altération de la perception de la réalité, qui s'exprime par des manifestations psychotiques, est au premier plan. Dans les troubles bipolaires, la souffrance découle d'un niveau d'énergie interne très fluctuant.

Les troubles de personnalité qui provoquent le plus de souffrance sont ceux où l'image de soi est particulièrement incertaine, à l'origine d'une angoisse très marquée. Au premier plan, figure la personnalité borderline.

Les troubles du spectre de l'autisme touchent environ 1 % de la population. Leur principale caractéristique est la difficulté à entrer en contact avec les autres.

Enfin des addictions peuvent être associées à tous les troubles qui viennent d'être cités (on dit alors qu'elles constituent une comorbidité – c'est-à-dire un trouble associé – et elles représentent un facteur aggravant) ou être présentes de manière isolée. Elles se définissent par la perte de liberté qu'entraîne l'impossibilité de refréner une consommation ou un comportement. Il peut s'agir d'une perte de liberté par rapport à une substance (tabac, alcool, cannabis, cocaïne, etc.), dont la consommation s'impose alors à la personne, ou par rapport à un comportement (achats répétés et compulsifs, jeu pathologique, relations sexuelles répétitives, etc.), dans le cadre d'addictions comportementales. Au total, les addictions touchent plusieurs dizaines de pourcents de la population.

Modèle biopsychosocial des troubles mentaux

Tous les troubles mentaux sont influencés par des facteurs biopsychosociaux. Ainsi les facteurs de stress ayant un rôle délétère en termes de santé mentale peuvent être biologiques (il peut s'agir par exemple de l'effet d'une substance psychoactive telle que le cannabis, qui favorise l'expression des troubles mentaux sévères), psychologiques (à travers, par exemple, l'impact d'une situation conflictuelle ou même seulement d'un contexte émotionnel intense) ou sociaux (tels qu'une perte d'un emploi, une précarité, une discrimination ou, dans la situation de début 2020, un confinement combiné à une peur collective).

Chacun exprimera sa fragilité sous l'une de ces formes, en lien avec la dimension dans laquelle il est le plus fragile. Le modèle vulnérabilité-stress est schématisé dans la Figure 5.

Lorsqu'un événement traumatique (accident, attentat...) génère un stress très aigu, un syndrome de stress post-traumatique peut se constituer dans les semaines ou les mois qui suivent. Une catastrophe naturelle, un attentat,

Figure 5. Liens entre le niveau de stress et l'expression d'une vulnérabilité psychique

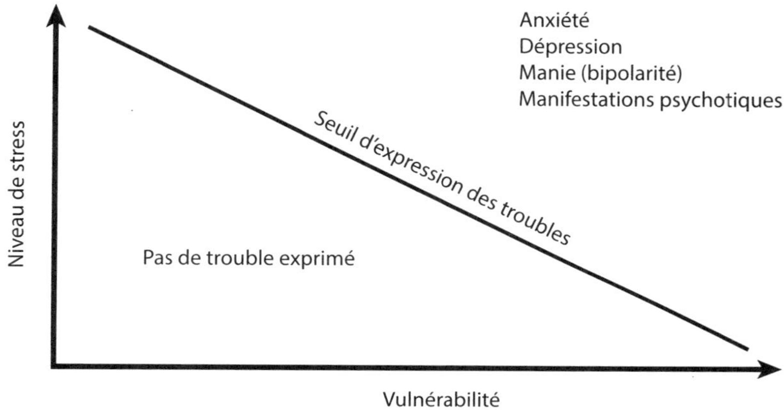

un conflit armé, un accident de la voie publique ou toute autre situation suscitant la peur de mourir peuvent contribuer à la constitution d'un tableau clinique spécifique caractérisé par le fait de revivre – dans la journée ou lors du sommeil sous forme de cauchemars – l'événement de manière répétitive. À l'instar des manifestations que l'on rencontre dans d'autres troubles anxieux, tout ce qui rappelle cet événement est alors évité.

Même si le confinement ne fait pas partie de la liste des situations traumatisantes susceptibles d'être à l'origine d'un tableau de stress post-traumatique dans le *DSM-5*, ce type de tableau a pu être décrit au cours de la crise de Covid-19 ou d'autres épidémies, dans des contextes politiques et sociaux moins favorables qu'en France, comme l'épidémie d'Ebola qui a touché la Guinée puis le Liberia et la Sierra Leone à partir de 2013.

La crise de 2020, telle que nous l'avons vécue en France, ne nous a pas confrontés, hormis ceux d'entre nous qui ont été exposés aux aspects les plus crus de la catastrophe à l'instar de certains professionnels de santé, à un sentiment de terreur aussi brutal. Le risque de mort, lié au virus et non au confinement, était certes présent, mais il s'agissait d'un risque non immédiat et bien moindre qu'avec Ebola où la létalité moyenne dépasse 50 % et peut atteindre 90 %. Plutôt que des syndromes de stress post-traumatiques, les troubles attendus dans notre pays à la suite de la crise sont ceux qui ont été évoqués plus haut au début de ce chapitre (trouble anxieux, dépression, aggravation d'un trouble bipolaire ou d'une schizophrénie qui préexistaient, etc.), du fait d'un dépassement progressif du niveau de stress que les personnes sont capables d'endurer.

Principes du traitement des troubles mentaux

Les troubles mentaux relèvent en priorité de traitements non médicamenteux. Le recours à des médicaments est réservé à celles et ceux qui ne sont pas soulagés par les interventions non médicamenteuses, telles que les psychothérapies, qui visent à modifier leur appréhension d'eux-mêmes et du monde, et la psychoéducation, qui permet d'acquérir une maîtrise des différents aspects de sa maladie et de son traitement.

La psychiatrie est une spécialité qui convoque au premier chef les interactions sociales et la communication. Cela à la fois dans ses mécanismes (tous les troubles mentaux sont liés à des difficultés à appréhender autrui, qui peuvent se manifester sous la forme d'obstacles pour comprendre ce que veut l'autre et de la peur qui peut en découler) et dans la manière de les prendre en charge. Toutes les prises en charge non médicamenteuses reposent sur des échanges verbaux et non verbaux avec un professionnel de santé mentale.

Étant donné qu'une grande partie des difficultés liées aux troubles mentaux s'exprime sous la forme de difficultés relationnelles, de nombreuses prises en charge sont destinées à favoriser les apprentissages et les interactions sociales. Elles se pratiquent nécessairement sous la forme de groupes. La distanciation physique et le port de masques ne facilitent pas ce type de prise en charge.

La psychoéducation est une modalité d'intervention essentielle car elle renforce le pouvoir d'agir des personnes concernées, souvent très altéré dans le champ de la psychiatrie. Elle s'appuie maintenant sur l'intervention couplée de professionnels, des infirmiers et des pairs aidants, qui coaniment les groupes. Les pairs aidants sont des personnes rétablies de troubles mentaux qui se sont formées puis ont intégré des équipes de santé mentale en tant que professionnels ou bénévoles. Leur présence constitue un levier efficace du rétablissement. Elle rend également plus humains les dispositifs psychiatriques.

CHAPITRE 4

Effets de l'isolement sur le cerveau

Examinons maintenant les effets de l'isolement sur la santé mentale. Comme nous le verrons, ils sont bien documentés. Avant de les considérer, il est intéressant de comprendre les effets que produit l'isolement sur le cerveau. Les conséquences du stress sur cet organe ont été succinctement évoquées au chapitre 2 dans le paragraphe intitulé « Effets au long cours et neurobiologie du stress » (p. 41).

Chez les animaux

Afin de mieux saisir les mécanismes à l'œuvre lors d'un isolement social strict prolongé, remettons-nous-en dans un premier temps aux études réalisées sur l'animal. Elles permettent de comprendre les dommages cérébraux causés par de telles situations, à travers des études qui ne sont pas réalisables chez l'humain.

Il est connu de longue date que le fait de séparer très tôt les petits de leurs mères, quelle que soit l'espèce considérée, entraîne des troubles du comportement qui persistent à l'âge adulte. Selon la théorie de l'attachement développée par John Bowlby au milieu du XXe siècle, le développement affectif et social d'un enfant en bas âge est conditionné par la qualité de la relation avec la ou les personnes qui l'élèvent et prennent soin de lui. Ces personnes deviennent pour lui des figures d'attachement et elles constituent sa « base de sécurité ». À l'inverse, une privation maternelle affecte sévèrement les nourrissons.

Harlow a éprouvé expérimentalement la théorie de l'attachement avec des bébés macaques. Dans une première expérience il en a séparé certains de leur mère et les a placés seulement en présence d'un biberon et d'une peluche qui avait la forme d'un macaque adulte. Ces bébés ont préféré se saisir de la peluche, qui jouait alors le rôle de substitut maternel, plutôt que du biberon susceptible de les nourrir. Dans une expérience ultérieure, il a ôté à d'autres bébés macaques toute possibilité de contact physique agréable, ne laissant que de la nourriture à leur portée. Cet isolement social complet a perturbé leur comportement, les laissant durablement apathiques, passifs et indifférents à l'environnement. Parvenus à maturité, ils n'ont pas pu nouer de liens satisfaisants avec leurs congénères. Les femelles qui ont eu une progéniture ne sont pas parvenues à s'y intéresser. Enfin certains de ces singes sont allés jusqu'à mourir, faute de pouvoir subvenir à leurs besoins primaires.

De nombreuses recherches ont été réalisées dans la lignée de ces observations fondatrices avec des animaux de différents âges et des modalités de séparation moins radicales. Certaines d'entre elles ont concerné de jeunes primates ayant atteint un âge équivalent à celui de l'adolescence chez l'être humain. Lorsque ces jeunes singes sont temporairement séparés des autres membres de leur groupe, ils développent des signes d'anxiété, qui persistent lorsqu'ils le réintègrent. On observe chez eux une augmentation du marquage olfactif de leur territoire et une activité motrice intensifiée. En revanche le toilettage social diminue. Cette activité, que se procurent mutuellement les animaux, encore appelé *grooming*, a non seulement une fonction hygiénique, mais elle permet également de réduire les tensions entre les membres du groupe et de resserrer leurs liens.

Parallèlement, les niveaux sanguins de cortisol augmentent chez les jeunes primates séparés de leur groupe. Une séparation d'une à trois semaines infligée à des ouistitis âgés de 8 à 10 mois, c'est-à-dire sur le point d'atteindre l'âge adulte, entraîne une baisse de la neurogenèse (naissance de nouveaux neurones) au niveau de leur hippocampe – structure cérébrale dont la localisation et la fonction ont été présentées plus haut. Ce résultat confirme des observations faites auparavant chez les rongeurs, qui avaient mis en lien le stress causé par la séparation avec une réduction de la prolifération de cellules neuronales au niveau de l'hippocampe et une perturbation ultérieure du comportement. Ainsi, exposer un jeune animal au stress dû à une privation sociale affecte sa neurogenèse et entraîne des altérations comportementales qui perdurent à l'âge adulte.

Bien entendu, ces modèles concernent des situations extrêmes, avec un isolement social complet et très précoce, qui ne se produit que très exceptionnellement chez l'être humain, à l'instar de Victor de l'Aveyron au début du

XIXe siècle. Jean Itard, médecin de l'Institution nationale des sourds-muets, a rapporté le cas de l'enfant sauvage dans deux Mémoires rédigés en 1801 et 1806, où il montre à la fois ses potentialités préservées et les limites d'un apprentissage tardif du langage et de la vie en société. En 1969, François Truffaut en tira le très beau film éponyme.

Qu'en est-il des conséquences d'un isolement social, voire d'un isolement relatif, chez un animal mature, situation plus proche de celle que le confinement peut procurer ? La réponse à cette question se trouve dans les résultats de travaux conduits chez le rongeur. Lorsqu'il est isolé de manière durable, sa neurogenèse hippocampique est réduite et il présente une altération comportementale qui a été considérée comme pouvant constituer un modèle animal de l'anxiété et de la dépression. Ces anomalies sont associées à une réduction de sécrétion d'une hormone, l'alloprégnanolone, qui fait partie des corticostéroïdes sécrétés par la glande corticosurrénale. Or l'administration de cette hormone dès le début de l'isolement préviendrait cette évolution négative chez le rongeur.

Chez les humains

Les effets sur le cerveau humain d'un isolement social de courte durée ont été étudiés par une équipe du Massachusetts Institute of Technology (MIT) grâce à l'imagerie par résonance magnétique fonctionnelle (IRMf). La moitié des personnes ayant participé à cette étude a dû rester dans une même pièce pendant une journée, sans voir personne, l'autre moitié ayant été soumise à un jeûne d'une journée. À l'issue, leur activité cérébrale était mesurée grâce à l'IRMf au moment où les participants regardaient des images en rapport avec la situation qu'ils venaient de vivre. Des personnes en train d'échanger avec d'autres étaient montrées aux participants qui avaient été isolés alors que ceux qui avaient jeûné voyaient des images de nourriture. Or les mêmes zones du tronc cérébral, l'aire tegmentale ventrale et la substance noire dans lesquelles sont situés les noyaux des neurones dopaminergiques impliqués dans le circuit de la récompense, se sont activées dans les deux groupes. Selon cette observation, les contacts sociaux seraient donc aussi indispensables que l'alimentation.

Les voies dopaminergiques sous-tendent la motivation : elles permettent que les comportements qui nous sont essentiels – l'alimentation et la reproduction en particulier – soient à l'origine d'un sentiment de satisfaction. L'expérience du MIT confirme que les contacts sociaux sont de même nature et donc également essentiels.

DEUXIÈME PARTIE

Le confinement sous toutes ses formes

Avant de bien saisir les effets du confinement de masse du printemps 2020, il est instructif de se pencher sur les conséquences de situations comparables qui partagent avec lui certains aspects. Même si les conclusions ne sont pas superposables, elles contribuent à nous éclairer sur ce qu'entraîne l'exposition d'un être humain à des facteurs de stress apparentés. Nous allons envisager les différentes situations dans lesquelles des personnes se retrouvent contraintes en termes de déplacements, d'activités et d'échanges sociaux et en examiner les conséquences.

Le confinement peut être choisi par des personnes qui bénéficient d'une préparation pour y faire face, ou imposé, en particulier à des personnes incarcérées. Les différentes formes de confinement dont il va être question dans cette partie ont la particularité d'être pour la plupart activement embrassées par les personnes qui s'y confrontent, à l'exception de l'isolement imposé aux détenus. De plus, aussi bien les astronautes que les sous-mariniers, les skippers ou les spéléologues bénéficient d'un entraînement spécifique pour faire face à l'environnement hostile auquel ils sont soumis. Or malgré cet entraînement, nous verrons que les conséquences du confinement sur la santé mentale sont non négligeables et qu'elles sont encore plus sévères chez les prisonniers.

CHAPITRE 5

Confinement des astronautes

Conditions d'existence lors des missions spatiales

Se pencher sur la manière dont les astronautes réagissent face à leur environnement est précieux pour comprendre les effets de la situation qui a été imposée à une grande partie de la population mondiale début 2020. En effet, les conditions qui sont subies par les personnes se recoupent partiellement. Si on laisse de côté la question de la pesanteur, les astronautes ont en commun avec la population confinée le fait d'être contraints de rester longtemps dans un habitat au volume restreint, tout en ayant la possibilité de communiquer par les réseaux sociaux, de regarder des vidéos, et la nécessité de continuer à pratiquer régulièrement une activité physique. Thomas Pesquet a rapporté qu'il s'astreignait à deux heures de sport par jour à bord de la station spatiale internationale. Il avait recours à tour de rôle à un tapis de course, à un vélo d'intérieur et à un appareil de musculation appelé Advanced

Resistive Exercise Device. Ce qui rendait plaisant l'utilisation de cet appareil, c'est qu'il était placé devant la coupola, une fenêtre permettant de regarder la Terre. Panorama exceptionnel ! Au cours de ces activités, il était souvent gêné par la transpiration qui, en état d'apesanteur, ne peut pas s'écouler. Malgré cela, les moments passés à faire de l'exercice à cet endroit ont largement compensé cet inconvénient et lui ont d'ailleurs laissé un souvenir impérissable.

Albert Moukheiber a comparé la vie des astronautes à celle des confinés de 2020. Selon lui, les principaux points de vigilance dans ces deux situations sont globalement similaires. Ils doivent porter sur la fatigue pouvant être favorisée par l'inactivité ou la charge de travail (nécessitant toutes deux une planification et une répartition des tâches : lors du confinement de 2020, de très nombreux parents se sont retrouvés à devoir faire eux-mêmes l'école à leurs enfants et assumer cette charge supplémentaire est venu solliciter fortement leurs capacités d'organisation) ; le maintien ou non de relations sociales satisfaisantes, y compris avec les personnes temporairement à distance ; l'anxiété et la dépression ; et enfin la clarté de la pensée (fonctionnement cognitif).

De nombreuses études ont été réalisées afin de préparer des missions vers la Lune, vers Mars, ou encore un séjour au sein de la station spatiale internationale. Alors que durant les premières décennies de la conquête spatiale on ne s'intéressait guère aux aspects psychologiques, ils ont progressivement occupé une place de plus en plus importante dans la préparation des astronautes, permettant la description progressive d'une psychologie du confinement à partir des années 1990.

Études sur la gestion d'une crise dans une station spatiale

De nombreux travaux ont été consacrés ces dernières décennies à la manière dont les astronautes peuvent faire face à différentes conditions plus ou moins normales ou dégradées, dans le cadre d'exercices de simulation. Dans les premières études, portant sur de courtes durées, le facteur psychologique n'était pas au premier plan de l'observation, en dehors bien sûr de la pression induite par des événements intercurrents afin d'évaluer la capacité des personnes à faire face à des circonstances exceptionnelles. Dans ce type d'expérimentation, il était demandé aux aspirants astronautes d'identifier et de réparer une anomalie de fonctionnement du système, de maintenir des paramètres atmosphériques à un niveau de sécurité suffisant, de gérer des systèmes d'alarme ou encore de maintenir un niveau satisfaisant d'enregistrement de données critiques.

Ces études ont pris en compte non seulement l'efficacité avec laquelle les membres de l'équipage parvenaient à gérer les situations routinières ou de crise, mais également leurs conséquences en termes de fatigue, d'anxiété et d'effort mental fourni. L'isolement sensoriel, l'enfermement, le bruit et le manque de sommeil étaient également considérés. Les astronautes ont en général été capables de faire face efficacement aux situations de routine. Lorsque le contexte s'est dégradé, les astronautes ont adapté leur comportement, ils ont eu recours à de nouvelles stratégies, mais ils ont aussi connu des baisses d'efficacité avec une moins bonne anticipation des difficultés. Il a été montré que les modifications de l'humeur observées dès dix jours d'enfermement pouvaient être associées à des modifications de l'immunité. Toutes ces observations ont enrichi les procédures de sélection des astronautes. Leur capacité à résister au stress lié au confinement doit être évaluée non seulement en termes d'humeur (résistance à la dépression), mais également d'immunité. En effet des modifications touchant les sous-populations de leucocytes (globules blancs) apparaissent après dix jours d'un tel confinement. Elles sont apparentées à celles qui sont causées par n'importe quel stress psychologique. En post-confinement, l'humeur et l'immunité reviennent progressivement à la normale.

Dans une autre étude, trois hommes et une femme ont été confinés dans un simulacre de station spatiale constitué par une chambre hyperbare. Leurs capacités cognitives et leur vécu subjectif ont été surveillés tout au long des soixante jours de l'étude. Le test que les participants passaient chaque jour simulait la gestion des taux de contaminants présents dans l'atmosphère d'une station spatiale. Ce test se déroulait de la manière suivante. Dans un premier temps des informations de référence concernant ces contaminants devaient être mémorisées. Par la suite, il fallait s'appuyer sur celles-ci pour prendre l'éventuelle décision d'effectuer des actions correctrices dans différentes situations successives. Les informations de référence restaient disponibles en permanence.

Jusqu'au soixantième jour de l'étude, le taux d'erreur à ce test est resté faible, sauf chez l'un des participants. En revanche, le temps nécessaire pour prendre des décisions et pour vérifier les écrans de référence s'est allongé chez tous les participants. Si leur niveau d'anxiété est resté faible et relativement stable pendant les soixante jours de l'étude, leur fatigue s'est accrue durant le deuxième mois. Ce contraste était particulièrement marqué chez les deux participants qui ont maintenu le plus faible taux d'erreur.

L'adaptation au stress causé par ce confinement de deux mois s'est exprimée de manière différente d'un participant à l'autre. Deux d'entre eux ont maintenu un faible taux d'erreur grâce à un effort cognitif dont la contrepartie s'est exprimée sous la forme d'un ralentissement des performances. Deux autres ont présenté une diminution plus généralisée de leurs performances, avec un taux d'erreur élevé. En pratique, connaître le schéma d'adaptation propre à un astronaute permet de prédire l'impact qu'auront sur lui les conditions de confinement et d'isolement social des vols spatiaux.

Études préparatoires à une mission habitée vers Mars

Les enjeux ont encore évolué quand il est devenu plausible de pouvoir voyager jusqu'à Mars. De fait, la durée du trajet se compte dorénavant en mois, sans possibilité de regagner la Terre rapidement en cas d'avarie. Or on ne soumet pas des êtres humains à une telle expérience – un aussi long voyage dans l'espace – sans évaluer soigneusement l'ensemble des risques qui pèsera sur eux.

Les passagers du vaisseau voguant vers Mars seront exposés à un confinement prolongé dans une ambiance de microgravité. Il a rapidement été patent que le succès de tels vols interplanétaires dépendra en grande partie de facteurs psychologiques et comportementaux, de la qualité du sommeil et du rythme veille/sommeil des membres de l'équipage.

En pratique, les études préfigurant de telles missions prennent en compte la santé mentale des astronautes. Les résultats d'une première simulation, basée sur Terre mais offrant des conditions de haute fidélité, ont pu être publiés dès 2013 et 2014. Cette expérience a regroupé pendant dix-sept mois (cinq cent vingt jours) six membres d'équipage de sexe masculin en bonne santé, de différentes nationalités, dans un espace clos de 550 mètres cubes. Des bracelets actimétriques, mesurant et enregistrant les mouvements, ont quantifié leurs périodes d'activité et de repos. L'exposition lumineuse était contrôlée. Chaque participant devait remplir toutes les semaines différentes échelles sur un ordinateur. Cette surveillance régulière a permis de surveiller son état mental, son niveau de stress, sa fatigue, ses performances motrices et sa charge de travail.

Dans cette étude, les données actimétriques ont montré que l'équipage est devenu de plus en plus sédentaire au fil de la mission. Une réduction progressive des mouvements lors des périodes d'éveil et une augmentation des heures de repos et de sommeil ont été mises en évidence. L'exposition à la lumière a progressivement été réduite au cours de la mission. La majorité des membres de l'équipage a consécutivement été affectée par une perturbation de la qualité du sommeil, une altération de la vigilance ou une altération des cycles veille-sommeil.

Au cours de cette même expérience, la manière de réagir à ce confinement prolongé s'est avérée très différente d'un membre à l'autre. L'un d'entre eux a souffert d'une dépression modérée pendant plus de 10 % de la durée de la mission. Lorsque des attitudes conflictuelles ont été exprimées par l'équipage, elles se sont focalisées sur le centre de contrôle de la mission. Les membres de la mission ont préféré concentrer leur colère sur celui-ci cinq fois plus souvent qu'ils ne l'ont dirigée vers un autre membre de l'équipage. Les deux participants qui avaient les niveaux de stress et d'épuisement physique les plus élevés ont été impliqués dans 85 % de ces situations conflictuelles. L'un d'eux a développé des difficultés d'endormissement persistantes associées à une mauvaise qualité de sommeil. Une durée insuffisante de sommeil a généré chez lui une fatigue marquée et un défaut de vigilance. Chez deux autres membres de l'équipage, une perturbation de l'horaire de réveil s'est développée dès les premiers mois de la mission et a persisté tout au long de celle-ci. Seuls deux membres sur six n'ont présenté aucune altération comportementale ni psychologique durant les dix-sept mois du confinement.

Cette étude a fourni de précieux résultats pour la préparation des futures missions spatiales de longue durée. Elle a mis en exergue l'importance d'identifier des marqueurs comportementaux, psychologiques et biologiques pouvant prédire des réactions appropriées ou inappropriées dans un tel contexte. La sélection des membres d'équipage devra donc tenir compte de la capacité des personnes à résister aux conditions de confinement. Un entraînement et des contre-mesures individualisées pourront également être proposés. Cette étude a confirmé qu'il est indispensable de maintenir un rythme veille-sommeil satisfaisant et un sommeil de quantité et de qualité suffisante. Afin de réduire les effets du stress, certaines caractéristiques de la vie terrestre (exposition à la lumière, alimentation, exercice, organisation temporelle) devront être transposées dans les vaisseaux spatiaux et les stations de surface qui accueilleront ces missions.

CHAPITRE 6

Confinement des prisonniers

Historique de l'isolement carcéral

Dès le XIXe siècle, les conséquences de l'isolement carcéral sur la santé mentale ont largement été décrites par des psychiatres allemands puis américains. En France, Brierre de Boismont a rapporté plusieurs cas de prisonniers ayant souffert d'hallucinations dans son fameux ouvrage sur le sujet publié en 1852. Plus récemment, les conséquences psychiatriques du confinement solitaire ont fait l'objet de procédures judiciaires aux États-Unis.

L'isolement carcéral est une mesure extrêmement ancienne datant des tout débuts de l'emprisonnement. Un prisonnier peut être isolé pour un motif punitif aussi bien qu'administratif. Dans les deux cas, l'objectif est d'exercer un contrôle accru sur lui. Aux États-Unis, les législateurs préconisent de punir sévèrement les délinquants dans le but d'exercer un contrôle plus strict de la criminalité, mais aussi pour des raisons démagogiques. Richard Nixon s'était déclaré en guerre contre la drogue, ce qui a entraîné de nombreuses incarcérations. Plus tard, le slogan « *get tough on crime* » (« soyez durs envers le crime ») a prévalu sous Reagan. Les gouvernements qui se sont succédé depuis n'ont pas inversé la tendance – hormis celui de Barack Obama dont les mesures ont par la suite été progressivement annulées par celui de Donald Trump –, mais ont au contraire continué à recourir à une politique répressive toujours populaire. Le principe de la punition continue à avoir les faveurs de la population aux dépens de la réhabilitation. Plus de 2 millions de personnes sont incarcérées aux États-Unis, soit environ 0,6 % de la population, contre 1,5 million en Chine et 760 000 en Russie.

Plusieurs types d'établissements pénitentiaires coexistent aux États-Unis. Certains relèvent du Bureau fédéral des prisons et d'autres des États mêmes. Les unités de détention dites *supermaximum* ou *supermax* sont des prisons ou des quartiers de très haute sécurité. De nombreux établissements de ce type ont été créés après les incidents du pénitencier de Marion (Illinois), ayant conduit au meurtre de deux gardiens en 1983. Il en existe actuellement une soixantaine aux États-Unis. Dans le but de prévenir de tels drames, les prisonniers accueillis dans ce type de dispositifs sont séparés les uns des autres à court ou même à long terme, afin de pouvoir exercer sur chacun d'entre eux un contrôle individuel. Les recherches ayant porté sur la santé psychologique et physique des détenus enfermés dans de telles unités ou antérieurement dans des conditions proches, sont instructives parce qu'elles documentent l'impact que peut avoir le confinement combiné à un isolement social strict.

Au début du XIXe siècle, deux systèmes pénitentiaires très différents se sont développés aux États-Unis, celui d'Auburn et celui de Pennsylvanie. Développé à New York, le premier d'entre eux imposait un travail silencieux aux prisonniers, mais autorisait leur rassemblement. *A contrario*, dans le régime de Pennsylvanie ils étaient non seulement totalement coupés de la société, mais aussi strictement isolés les uns des autres. L'objectif était de donner aux prisonniers le temps de réfléchir à leurs crimes et de se repentir. Or l'isolement extrême qui caractérisait le système de la Pennsylvanie a eu des conséquences physiques et psychologiques majeures sur les prisonniers, ce qui a finalement abouti à l'abandonner. Dès 1890, la Cour suprême des États-Unis a reconnu les effets néfastes de l'isolement dans les prisons. Elle s'est appuyée sur des observations montrant que beaucoup de prisonniers étaient tombés, même après une détention courte, dans un état d'opposition massive ou de refus de communication dont il était presque impossible de les sortir, que certains présentaient des manifestations psychotiques (délire et hallucinations) et que d'autres s'étaient suicidés. Nombre de ceux qui avaient résisté à leur peine n'avaient pas récupéré ultérieurement une efficience mentale normale, ils étaient devenus des poids pour la communauté. Des conséquences du même ordre ont également été documentées dans des prisons allemandes conçues sur le modèle pennsylvanien.

Malgré ces observations relativement précoces sur les effets dévastateurs de l'isolement strict, celui-ci est resté populaire pour gérer les détenus considérés comme dangereux ou perturbateurs. Le concept d'unité de très haute sécurité a conduit à l'ouverture du « Pénitencier des États-Unis » à Marion dans l'Illinois, qui a remplacé la prison fédérale d'Alcatraz en 1963. La prison d'Alcatraz puis celle de Marion ont été conçues pour recevoir les prisonniers fédéraux difficiles à gérer et des condamnés notoires, gangsters ou prisonniers politiques. Florence, dans le Colorado, a depuis succédé au Pénitencier des États-Unis Marion en tant que première prison fédérale de haute sécurité super-maximum. Au fil du temps, le Pénitencier des États-Unis Marion avait recouru de plus en plus fréquemment à l'isolement pour contraindre les détenus à se réformer et contrôler les dissidents. Certains sont restés en isolement pendant plusieurs années. À partir de 1983, toute la population carcérale du pénitencier de Marion a été isolée à la suite du double meurtre des gardiens. Ce pénitencier a ensuite servi de modèle dans tout le pays. Au total, jusqu'à 25 000 prisonniers ont pu être simultanément soumis à un isolement carcéral dans plusieurs dizaines d'établissements répartis sur tout le territoire fédéral.

Conséquences psychiatriques de l'isolement des prisonniers

Nombre des prisonniers soumis à l'isolement, qui peut se prolonger pendant des années, présentent des troubles mentaux sévères avant le début de la peine. Les conditions d'isolement viennent exacerber leurs symptômes ou favoriser une rechute. Or les règles en vigueur dans ce type d'établissement pénitentiaire recourant à l'isolement limitent considérablement la nature et la quantité des prises en charge psychiatriques, ce qui est très dommageable pour cette population.

Jerry Williams, qui a reçu un diagnostic de schizophrénie associé à une intelligence à la limite inférieure de la normale (quotient intellectuel de 76), a été emprisonné en Caroline du Nord en 1990 puis placé en isolement pendant huit ans. Il s'est plaint d'hallucinations visuelles (il voyait en particulier un serpent), auditives (lui tenant des propos lénifiants ou proférant au contraire des hurlements menaçants) ou cénesthésiques (brûlures à l'intérieur de sa tête). Il s'est déclaré totalement convaincu que ce qu'il voyait ou entendait appartenait à la réalité – « Je vois un serpent dans ma cellule [...] ; j'ai vu des traînées de serpent à l'endroit où il était, sur le sol. Je jure que je les vois. » – et effrayé par le contenu des voix hallucinatoires, ayant peur qu'elles ne le tuent.

Les conséquences néfastes de l'isolement semblent être principalement liées à sa durée et à ses conditions, en particulier le fait d'être totalement isolé de tout contact humain et de ne bénéficier d'aucune stimulation mentale ni activité. Cela prive les personnes des contacts sociaux sur lesquels ils comptent pour éprouver leur appréhension du monde. En fin de compte, l'absence totale d'interactions sociales affaiblit la distinction entre ce qui est réel et ce qui ne l'est pas et entre ce qui est externe et ce qui est interne, au détriment de l'adaptation sociale. En l'absence de contexte social, la volonté des personnes s'affaiblit et elles deviennent plus sensibles à l'influence de ceux qui exercent une autorité, malgré le retrait social favorisé à long terme par l'isolement social. Les prisonniers confrontés à de telles conditions de détention s'appuient de plus en plus sur la structure carcérale pour décider et agir. Apathiques et ayant perdu toute autonomie, ils ne sont plus en mesure de se gérer lorsqu'ils sont libérés ou regagnent simplement une prison normale. Certains peuvent aussi avoir recours à un comportement provocateur pour tester les limites de ce qui est acceptable ou se réfugier dans l'imaginaire. L'incapacité à faire face à un vécu extrêmement puissant de frustration, de colère ou de rage explique cette évolution. L'isolement peut favoriser non seulement des manifestations dépressives mais aussi des comportements impulsifs pouvant s'inscrire dans la durée. Les détenus ayant des antécédents de troubles mentaux sont particulièrement vulnérables. Les manifestations psychotiques, les automutilations et les suicides sont fréquents chez les prisonniers isolés dans la durée. Les personnes fragiles mentalement sont victimes d'un paradoxe qui prend la forme d'un cercle vicieux. Alors que l'isolement aggrave leur état, elles y sont plus fréquemment soumises que les autres, car elles ont du mal à s'adapter à la prison et à y adopter un comportement approprié, ce qui favorise ce type de sanction.

Une étude a été consacrée à quatorze prisonniers ayant entrepris une action collective pour contester les conditions de leur isolement dans une prison du Massachusetts. Chacun d'entre eux avait été logé dans une cellule de 1,8 mètre sur 2,7 dotée d'une épaisse porte en acier maintenue fermée, empêchant tout contact avec le personnel et avec les autres prisonniers. Aucune lumière naturelle n'y pénétrait et elle n'était éclairée que par une simple ampoule de 60 watts. Aucun effet personnel, ni magazine ni livre, ne pouvait être conservé, à l'exception d'une Bible. La durée moyenne de détention dans ces conditions était de deux mois.

Ces quatorze prisonniers ont fait l'objet de la description d'un syndrome spécifique, dont les manifestations étaient d'autant plus intenses que l'isolement social était marqué. Ce syndrome associait des modifications perceptives, des perturbations affectives, des difficultés cognitives (touchant la réflexion, la concentration et la mémoire), une perturbation du contenu de la pensée et des difficultés à contrôler ses impulsions. Ces prisonniers étaient également devenus hypersensibles aux stimuli externes et certains ont été victimes non seulement de distorsions perceptives, mais également d'hallucinations ou d'un sentiment de déréalisation. La plupart d'entre eux ont développé une anxiété généralisée très sévère et un trouble panique. Certains étaient confus et d'autres ont souffert d'amnésie concernant des événements qui s'étaient produits pendant leur détention. Beaucoup ont développé des fantasmes de vengeance violente contre leurs gardiens. Certains ont manifesté des symptômes de paranoïa et en particulier la conviction qu'ils étaient persécutés. Plusieurs d'entre eux ont eu des difficultés pour contrôler leurs impulsions, à l'origine de comportements violents ou destructeurs ou encore d'automutilations. La plupart d'entre eux n'avaient pas d'antécédent psychiatrique à la date de l'incarcération. Par la suite, ces manifestations se sont atténuées après leur libération.

Une autre étude a été consacrée aux facteurs influençant la façon dont les détenus réagissent à l'isolement complet. Il est en effet important de comprendre pourquoi certains le tolèrent mieux que d'autres. Parmi les caractéristiques qui ont été étudiées, l'intensité de la privation sensorielle, la durée de l'enfermement et une mauvaise appropriation de l'objectif de l'isolement sont les principaux facteurs aggravants. L'état de santé et les traits de personnalité d'un prisonnier affectent également sa capacité à tolérer l'isolement et sa propension à développer des symptômes psychiatriques. Parmi les caractéristiques environnementales qui jouent un rôle, les plus importantes sont l'éclairage de la cellule (quantité et qualité de la lumière), la taille de la pièce, le fait de pouvoir entendre des sons provenant de l'environnement, ainsi que la couleur et l'apparence de la cellule.

Qu'en est-il des détenus âgés, dont le nombre est en augmentation ? Une étude a recherché des manifestations de détresse physique, psychologique, existentielle et sociale chez 125 d'entre eux. Environ trois quarts en ont rapporté. Les plaintes physiques étaient au premier plan, suivies par les plaintes psychologiques, existentielles puis sociales, chaque catégorie touchant entre un tiers et plus de la moitié de l'effectif. Une détresse physique était liée à une mauvaise santé (pluripathologies et incapacité physique) et à un faible revenu. Soigner correctement cette population nécessiterait d'associer des soins gériatriques et palliatifs dans des modalités intégratives de traitement allant de la prison à la communauté.

Conséquences de l'isolement des détenus politiques

D'autres études ont été consacrées aux conséquences à long terme sur la santé mentale du stress causé par un emprisonnement politique. Ces études sont intéressantes car, alors que nombre d'études ont mis en évidence des antécédents psychiatriques marqués parmi les prisonniers de droit commun, une fréquence plus faible de tels antécédents est attendue chez les prisonniers politiques. Les effets du stress sur des personnes moins vulnérables pourraient ainsi être appréhendés plus spécifiquement grâce à cette population.

Dans l'une de ces études, cinquante-cinq anciens prisonniers politiques de République démocratique allemande ont fait l'objet d'un examen rétrospectif. Toutes ces personnes avaient subi des traumatismes graves, notamment des tortures psychologiques et un emprisonnement de longue durée avec isolement social. À partir des manifestations psychiatriques qui persistaient de manière durable chez ces ex-prisonniers politiques, les auteurs de cette étude ont décrit un tableau caractéristique associant des symptômes de dépression et d'anxiété. Chez pratiquement deux tiers d'entre eux, ce tableau a persisté sans amélioration pendant une longue période. Ainsi une situation prolongée de stress dans un contexte politique totalitaire, avec un isolement associé à des tortures psychologiques mais aussi la nécessité de se justifier et de se défendre, même si elle ne met pas la vie en danger, peut entraîner des séquelles mentales à long terme.

L'expérience de Nelson Mandela

À l'inverse, l'expérience de Nelson Mandela est très instructive quant aux stratégies permettant de résister à une telle situation d'emprisonnement avec isolement. Il a rapporté avoir supporté les vingt-sept ans et demi passés sur Robben Island avec le matricule 46664, grâce à un quotidien très structuré et à la poursuite d'un entraînement physique intense, qu'il s'imposait déjà auparavant en tant que boxeur. Quatre jours par semaine, il pratiquait une série d'exercices qui lui prenaient à chaque fois environ une heure. C'est sur cette stricte routine et la pratique d'une activité physique servant d'exutoire qu'il s'est appuyé pour supporter la monotonie de son existence et les privations auxquelles il était continuellement soumis.

CHAPITRE 7

Confinement des sous-mariniers et des plongeurs

À bord d'un sous-marin

La vie à bord d'un sous-marin implique un confinement, qui peut parfois se prolonger longtemps. C'est en particulier le cas à bord des sous-marins nucléaires impliqués dans de longues missions de dissuasion. En ce qui concerne la marine française par exemple, ce type de patrouilles opérationnelles est effectué par des submersibles appelés sous-marins nucléaires lanceurs d'engins. Elles durent soixante-dix jours.

Une étude a été consacrée aux conséquences de l'isolement sur les sous-mariniers français engagés dans une patrouille de soixante-dix jours à bord du sous-marin stratégique *Téméraire*, équipé de missiles nucléaires balistiques. Elle a pris en compte les effets d'une exposition insuffisante à la lumière et des contraintes pratiques auxquelles ils étaient confrontés. La qualité du sommeil et la vigilance des marins ont été mesurées. Leur travail était posté et de nuit. Ils étaient coupés du monde extérieur, sans contact téléphonique, ni *via* Internet, avec qui que ce soit, ni leur famille, ni leurs amis. Contrairement aux études dont il sera question juste après, ces sous-mariniers étaient placés dans une situation de routine quant à leurs fonctions.

Chacun des dix-neuf sous-mariniers impliqués dans cette étude a travaillé en équipe au cours de périodes de trois journées consécutives. Deux enregistrements du sommeil nocturne de type polysomnographie ont été réalisés après successivement vingt et un puis cinquante et un jours à bord du sous-marin. Les niveaux de cortisol, dont le taux augmente dans les périodes de stress comme cela a été précédemment décrit, ont également été mesurés dans l'urine après les périodes de sommeil. Enfin des évaluations subjectives du sommeil, de la somnolence, de l'humeur et de l'anxiété ont été effectuées à vingt et un et à cinquante et un jours. La lumière et la température à bord étaient enregistrées. La durée totale et la qualité du sommeil n'ont pas varié de manière significative entre le vingt-et-unième et le cinquante-et-unième jour. Les marins ont rapporté le même sommeil subjectif, la même somnolence, la même anxiété ou la même humeur. Leurs niveaux sanguins de cortisol n'ont pas varié de manière significative. Ces résultats montrent que le fait de vivre pendant plus de deux mois avec des horaires de travail spécifiques dans un environnement isolé n'a pas de conséquence négative sur le sommeil des personnes et n'entraîne ni somnolence ni pensée confuse, lorsqu'elles ont été préparées à une telle situation et qu'elles sont confrontées à un horaire de travail régulier, dans le cadre d'un environnement dont la lumière et la température sont stables et appropriées. Nous pouvons en tirer des leçons permettant d'affronter le confinement. Parmi les recommandations à formuler, doit figurer la nécessité de bâtir son propre programme et d'organiser ses journées. Il semble que ce soit un moyen efficace de mieux supporter ce type d'expérience.

À côté de ce travail qui a porté sur une situation routinière, des simulations ont permis de mieux saisir comment un équipage réagit en situation d'avarie. Certaines sont allées jusqu'à reconstituer les conditions à bord d'un sous-marin en perdition. Dans l'une d'entre elles, sept sous-mariniers ont été confinés durant plusieurs jours au sein d'une atmosphère modifiée par rapport aux caractéristiques de l'atmosphère terrestre, aussi bien en termes de composition (réduction du taux d'oxygène de 21 à 16,75 % et augmentation du dioxyde de carbone de 0,03 à 2,5 %), que de température (refroidissement à 4 °C) et de taux d'humidité (humidité relative à 85 %). Dans ces conditions hostiles, les membres d'équipage se sont progressivement plaints d'une altération de leur bien-être, d'un inconfort musculaire, mais aussi de rhume, de baisse de la vigilance, de fatigue et, finalement, d'un sentiment de détresse. Ils ont également rapporté une altération de l'équilibre et de la mobilité, qui peuvent bien entendu avoir des conséquences très sévères à bord d'un sous-marin en difficulté.

La plongée profonde

Un autre type d'environnement aquatique extrême considéré comme très stressant, et impliquant un confinement, est la plongée profonde. Cette activité inflige aux plongeurs non seulement des périodes d'enfermement très longues dans des chambres hyperbares, mais aussi une exposition à des pressions élevées. Un environnement aussi exceptionnel peut causer des réponses anxieuses aiguës chez les plongeurs.

Dans une étude dont les résultats ont été publiés en 1995, trois plongeurs parmi les six qui ont plongé durant vingt-neuf jours à plusieurs centaines de mètres de profondeur établissant alors un record de plongée en haute mer, ont manifesté une anxiété significative. Ces résultats ont attiré l'attention sur l'importance de prendre en compte les traits de personnalité pouvant favoriser le développement de l'anxiété lors de plongées en grande profondeur et pendant une durée exceptionnelle. Une autre étude a considéré le rôle des traits de personnalité des plongeurs sur le développement d'une éventuelle anxiété. Ses résultats ont confirmé que l'anxiété des plongeurs était propre à chacun et s'exprimait généralement de manière transitoire. Des facteurs de personnalité tels qu'une faible maîtrise de soi et une instabilité émotionnelle, reflétant une incapacité à contrôler et à exprimer sa tension interne de manière appropriée, favorisent le développement d'une anxiété au cours de la plongée.

CHAPITRE 8

Les navigateurs solitaires

Spécificités de la navigation solitaire

Les navigateurs solitaires combinent les risques d'un confinement dans un petit espace avec ceux d'un isolement social total, allant au-delà de ce que les prisonniers peuvent endurer en ce domaine puisque ces derniers conservent au moins un contact, si réduit fût-il, avec leurs gardiens. L'isolement des navigateurs solitaires va jusqu'à la déprivation sensorielle, qui peut en elle-même avoir des conséquences marquées sur le fonctionnement du cerveau, en particulier quand elle est associée à un stress marqué et à une privation majeure de sommeil. En effet, le fait que les aires cérébrales auditives spécialisées dans le traitement du langage ne reçoivent aucune information peut les conduire à produire elles-mêmes un signal mimant de supposées paroles, c'est-à-dire des hallucinations.

Les skippers affrontent des conditions extrêmement difficiles dans le cadre d'un sport très compétitif. Corentin Douguet a par exemple raconté avoir pu enchaîner deux nuits blanches, voire dormir seulement vingt minutes au cours d'une étape de trois jours. D'autres apprennent à fractionner leur sommeil par toutes petites périodes de quelques minutes pour rester impliqués efficacement dans la compétition. Le stress majeur qu'ils subissent les maintient éveillés.

Conséquences psychiatriques de la navigation solitaire

Des hallucinations ont fréquemment été rapportées par les navigateurs dans de telles conditions associant un manque crucial de sommeil et une déprivation sensorielle. Les plus fréquentes sont les hallucinations auditives.

Sébastien Marsset a entendu la sonnerie de son téléphone alors qu'il ne l'avait pas avec lui. Corentin Douguet a entendu des discussions, comme sur une bande-son. Certains ont eu des hallucinations visuelles. Damien Cloarec a vu des taches sur l'eau. Sébastien Marsset a vu un père et sa fille assis sur son bateau alors qu'il était seul à bord. Alexis Loison considère ce type de phénomène comme un signal d'alarme marquant une limite à ne pas dépasser.

Le grand voyage de Joshua Slocum

Ces récits de skippers français contemporains sont proches de ce qu'un navigateur solitaire américain a rapporté à la fin du XIXe siècle. Joshua Slocum est le premier marin à avoir embarqué seul pour faire le tour du monde. Sur son bateau de 11,20 mètres, le *Spray*, il ne disposait d'aucun instrument de navigation et devait hisser les voiles à la main. D'origine canadienne et naturalisé américain, Slocum partit de Boston en avril 1895.

Après avoir traversé l'Atlantique d'ouest en est jusqu'à Gibraltar puis d'est en ouest jusqu'à Rio, il se dirigea vers le détroit de Magellan puis traversa le Pacifique pour atteindre l'Australie puis les Samoa. Après avoir franchi la mer de Tasmanie, il rejoignit Sydney puis la grande barrière de corail. Il parcourut ensuite l'océan Indien en passant par les Christmas Islands et l'île Maurice avant d'aborder en Afrique du Sud. Il franchit le cap de Bonne-Espérance en décembre 1897, avant de faire une escale de trois mois au Cap. Après être passé à Sainte-Hélène, il rejoignit les Caraïbes puis Newport en juin 1898.

À la fin de sa première traversée de l'Atlantique, Slocum eut des hallucinations visuelles dans un contexte de fièvre. Il vit en particulier le pilote de la *Pinta* (l'un des trois bateaux de la première expédition de Christophe Colomb) à bord du *Spray*. Slocum disparut finalement en mer en 1909 alors qu'il avait entrepris un nouveau voyage à bord du *Spray*.

CHAPITRE 9

Expériences extrêmes de spéléologie

Particularités de la vie souterraine

Après avoir considéré les conséquences d'un confinement dans l'espace (ou ce qui en tient lieu lors de simulations ayant lieu sur Terre), en prison, sous la mer ou à la surface de celle-ci, examinons les conséquences d'un isolement souterrain. Ce dernier peut concerner les spéléologues et les personnes qui se réfugient dans des abris situés sous terre, cette dernière situation étant envisagée dans le chapitre suivant.

Quoique très différents, ces milieux ont en commun une soustraction à la lumière du jour. Celle-ci entraîne une perte des cycles naturels jour-nuit.

Conditions de l'expérience de Michel Siffre

Les effets de la spéléologie sur le corps et sur l'esprit humain sont bien connus depuis l'expérimentation que Michel Siffre a menée sur lui-même en 1962. Ce spéléologue a choisi de passer deux mois au fond d'un gouffre pour étudier un glacier souterrain situé à 110 mètres de profondeur dans les Alpes italiennes, dans des conditions dangereuses du fait d'éboulements récurrents et pratiquement sans lumière. Son second objectif était l'étude du cycle veille-sommeil hors de tout repère. Ses observations ont eu une importance majeure dans le développement de la chronobiologie.

Michel Siffre a émis l'hypothèse qu'une soustraction au rythme jour-nuit désorganiserait ses rythmes circadiens (c'est-à-dire les cycles de vingt-quatre heures qui régulent le fonctionnement de l'organisme). Afin de s'en assurer, il n'avait emporté aucun moyen permettant de mesurer le temps durant son séjour souterrain. Il pouvait manger et dormir sans contrainte quand il en ressentait le besoin, plutôt que selon un horaire prédéfini.

Michel Siffre avait emporté avec lui une petite lampe électrique. Il s'est occupé en tenant un journal qu'il a appelé « carnet de vie souterraine », en explorant le glacier souterrain où il s'était confiné et en réfléchissant à des questions de géologie. Il n'a finalement pas réussi à beaucoup lire (seulement deux livres sur toute la durée de l'expérience). Enfin, étant donné les conditions glaciales dans lesquelles il se trouvait, sa température corporelle a fini par s'abaisser jusqu'à 34 °C, jusqu'à ce qu'un éboulement plus important que les autres ne lui fasse une peur telle que sa température est remontée. Il a alors pu s'extraire d'un état qu'il a qualifié de léthargique.

Conséquences sur les rythmes de Michel Siffre et sur sa perception du temps

Ses périodes de veille et de sommeil ont continué à alterner comme à l'extérieur, mais en se décalant très progressivement d'une demi-heure par jour. Même s'il s'est couché de plus en plus tard et levé de plus en plus tard au fil du temps, son cycle est resté stable autour de vingt-quatre heures trente, plutôt que de se désorganiser comme il l'avait anticipé.

À côté de cela, sa perception subjective du temps a été très altérée. Dès sa première semaine sous la terre, il a perdu toute notion de l'heure. Il a ressenti une forte impression de ralentissement temporel, ayant par exemple le sentiment que seules quelques heures s'étaient écoulées alors qu'il avait veillé dix-huit heures. Les journées lui semblaient s'écouler très vite, même lorsqu'il s'ennuyait. Ce qu'il prenait pour une petite sieste était en réalité une nuit complète. Lorsque l'expérience s'est terminée il se croyait vingt-cinq jours avant la date effective, ayant l'impression de l'avoir commencée depuis peu.

Cette comparaison entre durée ressentie et durée réelle a été rendue possible grâce au suivi scrupuleux des horaires du coucher, du lever et des repas de Michel Siffre, réalisé par une équipe postée en surface. Il entrait systématiquement en lien avec elle lorsque l'une de ces trois occasions se présentait, donc plusieurs fois par jour. Il la contactait alors *via* une ligne téléphonique spécifique. On ne lui indiquait ni l'heure ni le jour en retour, afin de ne pas introduire de biais dans l'étude. Bien entendu, ces contacts, même brefs, avec le monde terrestre étaient très attendus par Michel Siffre, car ils représentaient son seul repère fixe.

Conséquences sur la mémoire

Michel Siffre a subi d'importants troubles de mémoire lors de son séjour. Il lui est arrivé de ne plus se souvenir de ce qu'il avait mangé lors du précédent repas ou de réécouter de nombreuses fois de suite le même disque sans être conscient qu'il venait de le passer. Ultérieurement, il s'est de nouveau soumis à deux reprises à un isolement souterrain.

CHAPITRE 10

Vivre dans un abri souterrain

À côté de l'expérimentation de Michel Siffre, activement choisie par lui, d'autres études ont porté sur les répercussions d'un confinement sous la terre afin d'éviter les conséquences d'un conflit. Certaines d'entre elles ont été réalisées en prévision d'un conflit.

Études suisses sur les abris antiatomiques

La Suisse s'est équipée massivement d'abris antinucléaires dans les années 1970, au cas où la guerre froide déboucherait sur une troisième guerre mondiale. Ce pays avait alors décidé que la perspective d'un hypothétique conflit exigeait la protection de toute sa population civile. La Suisse avait prévu la mise à disposition d'un d'abri pour chacun de ses habitants dès 1963. Les articles 45 et 46 de la loi fédérale sur la protection de la population et sur la protection civile imposent que chaque habitant puisse disposer d'une place protégée dans un abri situé à proximité de son domicile, auquel il puisse accéder dans un délai raisonnable, et que lors de la construction d'un bâtiment d'habitation ou hospitalier des abris soient réalisés, charge aux propriétaires de les équiper et de les entretenir par la suite.

Dans ce contexte, des travaux permettant d'anticiper les principales conséquences médicales et psychologiques d'un séjour prolongé dans un abri ont été conduits en Suisse. Dans l'un d'entre eux, vingt-cinq hommes âgés de 37 ans en moyenne ont passé sept jours dans un abri souterrain pendant la période la plus chaude de l'année. Chaque participant disposait d'une surface au sol de 1,2 mètre carré et d'un volume de 2,5 mètres cubes. Les conditions de température et d'humidité sont restées acceptables dans l'abri d'un bout à l'autre de l'étude.

Conséquences de la vie dans un abri antiatomique

Plusieurs participants ont rapidement souffert d'insomnie et de nausées. Des troubles du sommeil, des céphalées et des manifestations gastro-intestinales se sont développés ultérieurement chez d'autres. L'irritabilité des participants (selon ce qu'ils ont rapporté eux-mêmes à travers une autoévaluation quotidienne) était corrélée à l'humidité de l'air.

Plus il faisait chaud et moins ils se sentaient vigoureux. Ces données ont été utiles pour anticiper la gestion de tels abris destinés à être utilisés dans la durée. Elles ont montré l'importance que cette gestion incombe à un responsable ayant été formé au préalable.

TROISIÈME PARTIE

Épidémies et confinement de masse

CHAPITRE 11

Épidémies au cours de l'Histoire

Effets directs et indirects des épidémies

De tout temps l'humanité a tenté de se protéger des épidémies, avec plus ou moins de succès. La stratégie a toujours consisté à éloigner les personnes atteintes des personnes saines. Au-delà d'une mortalité directe souvent effroyable, de telles catastrophes naturelles ont souvent eu des conséquences politiques et économiques dévastatrices, volontiers aggravées par la peur et ses conséquences sociales. Ces phénomènes sont rapportés dès l'Antiquité.

Épidémies au siècle de Périclès et à la fin de la dynastie antonine

Une épidémie venue d'Afrique a décimé la population d'Athènes entre 430 et 426 avant Jésus-Christ. Selon Thucydide, la ville aurait alors perdu deux tiers de ses

200 000 habitants. Périclès, le père de la démocratie, en est mort. La fin de l'âge d'or athénien aurait suivi, du fait de la désorganisation engendrée par les conséquences de l'épidémie, affaiblissement militaire, révoltes et famine. La typhoïde a été incriminée à la suite de l'identification de traces d'ADN du bacille au niveau de la pulpe de dents prélevées sur des squelettes mis au jour lors de fouilles archéologiques, alors que la recherche d'autres maladies était négative. Cette hypothèse n'a toutefois pas été définitivement confirmée.

Six siècles plus tard, les quinze dernières années du règne de Marc Aurèle et le début de celui de Commode furent marqués par une vaste épidémie partie de Mésopotamie, où se déroulait une campagne militaire. De 165 à 190, elle s'étendit et s'installa au sein de l'Empire puis gagna Rome, fauchant jusqu'à 10 millions de citoyens sur son passage. On considère généralement qu'il s'est agi d'une épidémie de variole.

Peste de Justinien

La première épidémie de peste, au sens bactériologique du terme, a frappé l'Empire romain d'Orient aux VIe et VIIe siècles de notre ère, sous le règne de Justinien. Elle a été favorisée par les échanges commerciaux. Elle a ravagé la population de Constantinople, faisant jusqu'à 10 000 morts en une seule journée. Au total, elle aurait tué jusqu'à 25 millions, voire 100 millions de personnes. Elle a durablement affaibli l'Empire byzantin, aussi bien sur le plan économique que militaire.

Grande peste noire

Autre vaste épidémie de peste bubonique, la peste noire est représentative des grandes épidémies meurtrières. Elle a durablement marqué l'imaginaire collectif. Sa première vague a frappé l'Europe à partir de 1347. Ce sont des marins génois qui l'ont transmise ; ils l'avaient contractée sur la mer d'Azov où leurs comptoirs avaient été attaqués par des cavaliers mongols. La peste aurait traversé avec eux les steppes d'Asie centrale depuis un foyer situé en Inde ou en Chine.

Lorsqu'elle est parvenue en Europe, elle a touché l'Italie et la France dans un premier temps, puis la Flandre, l'Allemagne, les pays scandinaves et l'Angleterre. Cette épidémie aurait causé la mort de deux Européens sur trois sur une période de trois ans. Paris a perdu 120 000 habitants (sa population est passée de 200 000 à 80 000), Naples plus de 100 000. Londres, Lyon et Gênes ont perdu chacune 40 000 habitants. Les mesures de quarantaine se sont généralisées pour faire face à ce péril.

Craignant de mourir de cette maladie si elles l'attrapaient, risque couru dès le moindre contact avec un malade ou même avec ses affaires, les personnes indemnes de la peste se sont mises à rejeter celles qui étaient atteintes. On barricada leur porte, les condamnant ainsi souvent à mourir seules à leur domicile. Les habitants qui le pouvaient quittaient les villes. D'autres se réfugiaient dans l'alcool pour profiter des moments qui leur restaient à vivre. Beaucoup allaient prier dans les églises. Certains se flagellaient dans les rues en signe de pénitence.

Boccace, dans la première journée du *Décaméron*, décrit la déréliction qui a touché la ville de Florence lorsque cette épidémie l'a frappée en 1348. Il mentionne l'interdiction qui frappait tout malade d'entrer dans la cité et le fait que « de nombreux conseils furent donnés pour la conservation de la santé ». Il raconte comment la maladie frappe le corps, d'abord sous la forme de bubons pestilentiels situés à l'aine ou aux aisselles, puis de taches « noires ou livides » sur les bras ou les cuisses. Toutes ces lésions étaient des indices de mort certaine dans les trois jours qui suivaient pour ceux qui en étaient atteints.

La grande contagiosité de cette maladie la rendait redoutable au plus haut point. Elle se transmettait même aux animaux. Boccace explique comment deux porcs qui avaient humé puis déchiré les haillons d'un homme mort de la peste se sont rapidement mis à tourner sur eux-mêmes et sont morts brutalement. Cette scène a inspiré le réalisateur Paul Verhoeven. Dans son film de 1983 *La Chair et le Sang* dans lequel Rutger Hauer joue le rôle du chef flamboyant d'une bande de mercenaires du début de la Renaissance, un morceau du cadavre d'un chien infecté par la peste jeté dans un puits permet à un homme seul de décimer ses adversaires au sein d'un château assiégé.

Lors de la peste noire, des coupables furent régulièrement désignés. De supposées sorcières et les communautés juives y figurèrent en bonne place. Le bûcher leur fut souvent offert. Des pogroms eurent lieu dans toute l'Europe de Lisbonne à Munich, en passant par Strasbourg où on brûla 2 000 juifs.

CHAPITRE 12

Réduire la contagion

Instauration de mesures de santé publique

En l'absence de traitement curatif ou prophylactique (c'est-à-dire préventif) efficace, seules des mesures destinées à empêcher que de nouvelles personnes soient contaminées peuvent être adoptées. L'isolement, la quarantaine, la distanciation physique et le confinement communautaire sont les principales méthodes auxquelles les communautés humaines ont recouru durant les différentes périodes de l'Histoire.

L'isolement

L'isolement permet de séparer les personnes malades atteintes par une maladie contagieuse des personnes indemnes. Cette mesure interrompt la transmission lorsque le diagnostic a pu être posé assez tôt.

La quarantaine

La quarantaine est la mesure la plus ancienne et la plus efficace pour prévenir la diffusion d'une épidémie. Elle restreint les déplacements des personnes qui ne sont pas malades mais qui sont susceptibles d'avoir été exposées à une maladie contagieuse et d'être en période d'incubation. La quarantaine peut être volontaire ou imposée. Elle peut s'appliquer à des individus ou à des groupes. Elle implique de rester dans un lieu désigné, pouvant être son propre domicile. Pour que cette mesure soit efficace, l'apparition de symptômes doit être recherchée très régulièrement chez toutes les personnes qui la subissent et une prise en charge appropriée doit pouvoir rapidement être proposée à ceux qui en ont besoin. La quarantaine doit donc être associée à une détection soutenue des nouveaux cas et à une traçabilité des contacts interhumains. Plus sa durée est courte, mieux elle est acceptée par les personnes concernées.

CHAPITRE 13

Étapes du vécu face à un confinement de masse

Sidération, adaptation et épuisement

Un parallèle peut être établi avec les phases du stress qui ont été envisagées plus haut. Lors de la phase d'alarme initiale, la sidération, la perte des repères et la crainte pour sa propre survie dominent. Face à une peur qui envahit tout leur espace mental, les personnes cherchent principalement à se protéger. Incapables de se projeter dans l'avenir, même à court terme, elles subviennent à leurs besoins immédiats. Un sentiment de panique peut les pousser à thésauriser ce dont elles pensent avoir besoin pour survivre, qu'il s'agisse de nourriture, de désinfectant ou de papier hygiénique.

Après quelques jours, la phase d'adaptation et de résistance succède à cette phase d'alarme. Un quotidien de crise s'est installé et les personnes parviennent à s'appuyer sur leurs ressources internes. Une nécessité d'entraide se fait jour et chacun multiplie les contacts sociaux pour reconstituer un réseau de proximité. Alimentation et santé constituent les besoins prioritaires du moment.

Après une durée propre à chacun, de l'ordre de quelques mois, l'épuisement finit par gagner. Les personnes les plus fragiles s'effondrent en premier. Pouvoir anticiper la fin du confinement est un facteur d'espoir. Il est donc nécessaire de planifier cette étape et de l'annoncer afin de permettre aux personnes de mieux y résister. Un confinement qui se prolonge peut aussi favoriser une désagrégation des liens de solidarité qui s'étaient initialement renforcés. Des actes de défi et de transgression peuvent finir par se produire et favoriser des mouvements de foule hostiles. Destructions, pillages et affrontements ne sont pas à exclure si une telle évolution se produit. Ce risque est également en faveur d'une limitation de la durée du confinement. Une durée de deux mois au maximum semble pertinente. C'est d'ailleurs la durée retenue par de nombreux pays au printemps 2020.

Déconfinement

Un déconfinement brutal fait courir d'autres risques. L'excitation collective qui s'ensuit peut favoriser toutes sortes d'excès, y compris en termes de consommation d'alcool et de violences pouvant aller jusqu'à des agressions de toutes natures, voire des vols.

Afin de prévenir de tels débordements il est nécessaire d'organiser une sortie progressive du confinement plutôt qu'un déconfinement susceptible de libérer d'un coup toutes les énergies – positives et négatives – contenues jusque-là. Tous les motifs et les modalités de réunion interindividuelle qui avaient disparu peuvent reprendre petit à petit leur place dans l'organisation sociale. L'organisation qui se remet en place n'est pas exactement celle qui existait avant le début du confinement. Au total, il faut plusieurs mois pour pouvoir tourner définitivement la page.

La situation de 2020 s'avère beaucoup plus complexe, du fait d'une sortie progressive du confinement, du maintien dans la durée de mesures destinées à freiner la résurgence de l'épidémie (en particulier le port systématique de masques qui dégrade considérablement les rapports sociaux), du risque prolongé de reconfinement et d'un contrecoup économique majeur. La résolution complète d'une crise d'une telle ampleur ne peut intervenir avant de nombreuses années.

CHAPITRE 14

Impact psychologique du confinement dans les épidémies récentes

Quelle est la cause de la perte de repères ?

Le confinement est souvent une expérience désagréable pour ceux qui le subissent. Être séparé de ses proches, perdre sa liberté, l'incertitude quant à une possible contamination et se retrouver totalement désœuvré peut potentiellement avoir des conséquences très sévères. Une augmentation du taux de suicide a été rapportée après certaines épidémies. Seules les données de suivi épidémiologique permettront de savoir si l'épidémie de Covid-19 aura entraîné une telle conséquence ou si elle aura eu l'effet inverse, observé après certaines catastrophes. De nombreuses personnes ont exprimé une colère majeure. Lors de certaines épidémies des poursuites judiciaires ont été engagées.

Les avantages potentiels d'un confinement de masse sur la réduction de la transmission de l'agent infectieux doivent systématiquement être mis en balance, non seulement avec l'impact négatif majeur qu'il a sur l'activité économique, mais aussi avec son coût psychologique. Le succès d'un confinement utilisé en tant que mesure de santé publique exige de limiter, autant que faire se peut, ses effets négatifs.

Principales conséquences psychologiques du confinement

En mars 2020, le *Lancet* a consacré une revue de littérature à l'impact psychologique du confinement[1]. Ce travail, qui a pris en compte vingt-quatre études, s'est avéré très éclairant quant aux conséquences d'une telle épreuve sur les personnes qui la subissent. Dans les paragraphes suivants, nous allons examiner les principaux apports de ces études.

Dans l'une d'entre elles, parmi le personnel hospitalier susceptible d'avoir été en contact avec le SRAS, les professionnels qui ont été confinés ont présenté plus de manifestations de stress aigu que les autres. Ceux-ci ont également présenté plus fréquemment que les autres des états d'épuisement, un détachement par rapport aux autres, une anxiété face à des patients fébriles, une irritabilité, une insomnie, un manque de concentration, une indécision, une détérioration des performances professionnelles et une réticence à travailler.

1. Seul le terme *quarantaine* a été employé dans cet article, mais pas dans le résumé qui en est présenté ici, par souci de cohérence avec le reste du livre.

Dans une autre étude, les professionnels de santé ayant été confinés ont été plus fréquemment sujets à des symptômes de stress post-traumatique, jusqu'à trois ans plus tard. Un autre travail a montré qu'un tiers des propriétaires de chevaux ayant été confinés pendant plusieurs semaines pendant une épidémie de grippe équine ont été victimes d'un état de détresse psychologique, alors que seuls 12 % de la population générale australienne en était atteinte. Une étude a mis en évidence un score de stress post-traumatique quatre fois plus élevé chez des enfants confinés que chez d'autres enfants qui ne l'avaient pas été. Dans cette même étude, 28 % des parents confinés présentaient des symptômes post-traumatiques, contre 6 % de ceux qui ne l'avaient pas été.

Une autre étude a été consacrée à l'impact du confinement sur le personnel hospitalier, à trois ans de distance. Ce confinement avait été imposé à une partie seulement de ce personnel. Cette étude a mis en évidence 9 % de dépressions sévères parmi les professionnels. Or 60 % de ces professionnels avaient été confinés, contre seulement 15 % de ceux qui avaient une dépression légère.

Toutes les autres études quantitatives prises en considération dans cette revue de littérature n'ont porté que sur des personnes ayant été confinées. Celles-ci se plaignaient de fréquents symptômes de détresse, de manifestations émotionnelles de colère, d'épuisement émotionnel, d'irritabilité, de manifestations en lien avec le stress, de symptômes psychiatriques généraux, de troubles dépressifs, d'insomnie ou de symptômes de stress post-traumatique. La dépression touchait trois quarts des personnes et l'irritabilité plus de la moitié. Dans ces travaux, une à deux personnes sur dix parmi celles qui avaient été mises en quarantaine parce qu'elles avaient été en contact étroit avec quelqu'un pouvant être atteint du SRAS ont rapporté de la peur, de la nervosité, de la tristesse et de la culpabilité. Moins d'une sur vingt a fait état de sentiments positifs tels que le bonheur ou le soulagement. Des études qualitatives ont pointé des réactions telles que la confusion, la peur, la colère, le chagrin, l'engourdissement, l'anxiété et l'insomnie.

Une étude n'a trouvé aucune différence significative entre des étudiants ayant été confinés ou non, en termes de stress post-traumatique et de symptômes psychiatriques généraux. Cependant, il s'agissait exclusivement d'étudiants de premier cycle et il est possible que ces conclusions ne puissent être généralisées à l'ensemble de la population.

Une seule étude a porté sur l'évolution juste après le confinement. Elle a montré qu'alors que pendant la durée de celui-ci 7 % des personnes présentaient des symptômes anxieux et 17 % des sentiments de colère, quatre à six mois plus tard elles n'étaient plus que 3 % et 6 % respectivement. Deux autres ont fait état d'effets à plus long terme. Trois ans après l'apparition du SRAS, l'abus et la dépendance à l'alcool étaient plus fréquents chez les professionnels de santé qui avaient été confinés. Une analyse plus sophistiquée dite multivariée a montré, après contrôle des facteurs démographiques, que le fait d'avoir été confiné ou d'avoir travaillé dans un lieu à haut risque de contamination étaient les deux situations les plus à risque.

Trois études ont montré que plus le confinement était long, plus mauvaise était la santé mentale à l'issue, en particulier en termes de stress post-traumatique, de comportements d'évitement et de colère. Une étude a montré que les personnes confinées plus de dix jours avaient des symptômes de stress post-traumatique nettement plus importants que celles qui l'étaient pendant une durée de moins de dix jours.

Impact sur les professionnels de santé

Pour les professionnels de santé, le confinement a bien entendu réduit les contacts directs avec les patients mais a aussi favorisé l'absentéisme. Dans les épidémies prises en compte par l'étude du *Lancet*, ils se sont sentis plus stigmatisés et ont été plus affectés psychologiquement que le grand public. Ils ont également été plus évitants des situations sociales à l'issue du confinement et ils ont déclaré une perte de revenus plus importante.

Les professionnels de santé ont ressenti plus de colère, de contrariété, de peur, de frustration, de culpabilité, d'impuissance, d'isolement, de solitude, de nervosité, de tristesse, d'inquiétude et se sont finalement déclarés moins heureux. Les professionnels de santé ont également été plus nombreux à se croire atteints du SRAS et à craindre de contaminer d'autres personnes. Une étude n'a toutefois pas montré d'impact chez les professionnels de santé. Nous verrons plus loin que lors de la pandémie de Covid-19, ils ont été très valorisés (applaudis chaque soir à 20 heures dans le monde entier) et que l'écueil de la stigmatisation a non seulement pu être évité grâce à une communication appropriée, mais que celle-ci a au contraire procuré un effet totalement opposé. Enfin, dans les épidémies antérieures, les professionnels de santé ayant été confinés ont présenté des symptômes de stress post-traumatique plus sévères que le grand public.

CHAPITRE 15

Vivre un confinement imposé

On peut attendre des effets plus sévères lors du confinement d'une population qui n'y est pas préparée par rapport aux situations de confinement choisies par les personnes qui les subissent, telles qu'elles ont été évoquées dans la deuxième partie du livre. Au-delà des contraintes qu'imposent la restriction des déplacements et l'isolement social partiel qui s'ensuit, d'autres paramètres interviennent lors d'un confinement en période d'épidémie. Tout d'abord la menace est invisible et différée par rapport au moment de la contamination du fait du délai d'incubation (cinq jours en moyenne pour le coronavirus SARS-CoV-2 impliqué dans la pandémie de Covid-19 à l'œuvre en 2020). Chacun peut être porteur et contaminer d'autres personnes sans s'en rendre compte. Au-delà des personnes asymptomatiques, des patients symptomatiques peuvent avoir la maladie sans que leur diagnostic soit confirmé (début 2020 les faux négatifs atteignaient 30 % dans la recherche du test coronavirus par PCR[1]

1. *Polymerase Chain Reaction :* outil génétique reposant sur l'amplification moléculaire, utilisé dans le diagnostic des maladies virales.

destiné à le mettre en évidence) et donc en contaminer facilement d'autres car aucune protection ne s'impose alors. Une menace incertaine et évolutive, associée à la diffusion de rumeurs souvent infondées, ne permet pas à la personne d'identifier la meilleure attitude à adopter.

Dans un tel contexte, la peur peut aussi bien être très présente chez certains qu'absente chez d'autres. La pensée magique (mode de pensée fréquemment adopté par les enfants, mais pouvant persister au-delà et pouvant s'exprimer en cas d'épidémie sous la forme d'une conviction d'être plus fort que la maladie, déjà immunisé ou intouchable par elle) et le déni (capacité qu'a l'être humain de faire comme si un élément de réalité n'existait pas) sont alors à l'œuvre, jouant le rôle de mécanismes de défense. Les personnes chez qui ces mécanismes prédominent peuvent s'exposer inconsidérément, jugeant inutile toute précaution les concernant, car elles évaluent les risques courus non pas sur la base d'arguments objectifs mais selon ce dont elles se persuadent.

Plus le temps passe plus le stress causé par ces deux facteurs, liberté entravée et peur d'une menace inconnue, occupe de la place. Des phénomènes de groupe, relayés par un recours devenu omniprésent aux réseaux sociaux où fleurissent aussi bien les accumulations de données alarmistes que les théories complotistes, peuvent venir aggraver la frustration et la peur. Chez certains, cette dernière prend toute la place, au détriment d'une analyse rationnelle. Les nosophobes (personnes ayant peur de développer une maladie infectieuse, au-delà du risque réellement couru) et certains hypocondriaques (personnes convaincues d'être malades en dehors d'atteintes objectives) ne sont alors plus les seuls dont l'esprit est susceptible d'être occupé en permanence par des idées en lien avec l'infection.

CHAPITRE 16

Effets à moyen et à long terme du confinement

Conséquences financières et matérielles du confinement

Quels sont les principaux facteurs de stress à l'issue du confinement ? La perte financière due à une période de chômage ayant débuté brutalement est une source de détresse socio-économique sévère. C'est un facteur de risque de manifestations psychopathologiques générales, de colère et d'anxiété, dont les effets persistent plusieurs mois après le confinement. Les personnes dont la source de revenus est mise en péril par le confinement courent deux fois plus de risques de faire face à une grande détresse que les autres. Ces conséquences sont probablement non seulement liées aux effets économiques mais aussi à la réduction des contacts sociaux et des loisirs qui s'avère inévitable pendant le confinement.

Parmi les personnes confinées du fait d'un contact potentiel avec le virus Ebola et ayant reçu une aide financière, certaines ont estimé que le montant qui leur avait été accordé était insuffisant ou qu'il était arrivé trop tard et beaucoup se sont senties lésées, car l'aide reçue ne couvrait pas les dépenses professionnelles courantes. Certaines sont devenues dépendantes de leur famille pour subvenir à leurs besoins financiers pendant le confinement, ce qui s'est souvent avéré difficile à accepter et a provoqué des tensions. Dans une autre étude sur des personnes confinées à Toronto pendant le SRAS, aucune n'a fait état de difficultés financières importantes dans la mesure où les employeurs et le gouvernement les ont indemnisées. Seules les personnes les moins bien loties financièrement se sont retrouvées en difficulté lorsque ce remboursement a été différé. Plus précisément, celles dont le revenu annuel du ménage était inférieur à 40 000 dollars canadiens ont présenté des niveaux de stress post-traumatique ou de dépression nettement plus élevés que les autres.

Certaines personnes confinées peuvent donc avoir besoin d'un soutien financier. Il s'agit principalement de celles qui ont de faibles revenus ou celles dont les revenus baissent de manière circonstancielle, à l'instar de nombreux travailleurs indépendants et des salariés qui ne peuvent pas être mis en télétravail ou en réserve ni poser de congés payés. Des mesures de soutien financier doivent être instaurées rapidement et rester en vigueur pendant toute la période de confinement. Le télétravail est très pertinent dans ces circonstances. Il permet d'éviter une perte financière et de soutenir le sentiment d'utilité. Malgré tout, certains professionnels placés en télétravail ressentent une baisse de productivité, voire se voient confier moins de tâches par leur manageur et se sentent désœuvrés. Être soutenu à distance par les collègues est très utile pour prévenir de tels écueils.

Séquelles psychologiques durables

Que des troubles psychologiques ou psychiatriques soient observés durant la période du confinement n'est pas surprenant. En revanche, ce qui peut l'être plus c'est qu'ils puissent persister pendant des mois ou des années. Même si de telles observations proviennent d'un petit nombre d'études, elles méritent d'être prises en compte. Elles suggèrent qu'il est nécessaire de veiller à ce que la mise en place du confinement, la période pendant laquelle il s'applique, puis sa sortie progressive soient toutes accompagnées de mesures efficaces d'atténuation des conséquences psychologiques potentielles.

Les personnes confinées ont souvent la crainte d'attraper la maladie ou de contaminer les autres. N'importe quel symptôme ressenti pendant cette période peut susciter la peur de développer la maladie. Après le déconfinement, de nombreuses personnes continuent à avoir des comportements d'évitement. Une étude sur les personnes confinées en raison d'un contact potentiel avec le SRAS a montré que 54 % évitaient ceux qui toussaient ou éternuaient, 26 % les lieux clos et surpeuplés et 21 % tous les espaces publics, dans les semaines ayant suivi la fin du confinement.

Une étude qualitative a mis en exergue des changements de comportement à long terme après le déconfinement, tels qu'un lavage prolongé des mains et un évitement de la foule. Pour certains, plusieurs mois ont été nécessaires avant que leur état revienne à la normale.

Les facteurs associés à un risque psychologique élevé à la suite d'une période de confinement ne sont pas encore bien connus. Il est cependant patent que le fait d'avoir une fragilité psychologique, pouvant s'exprimer sous la forme de n'importe quel trouble psychiatrique, est associé à une augmentation du sentiment de détresse à la suite de tout événement traumatisant. Les personnes ayant une mauvaise santé mentale avant le confinement ont donc besoin d'un soutien renforcé pendant le temps qu'il dure et à l'issue de celui-ci. Nous avons vu plus haut qu'il existe des arguments en faveur d'une augmentation de la fréquence des difficultés psychologiques chez les professionnels de santé placés en quarantaine. Il est donc nécessaire que les pouvoirs publics, les agences régionales de santé, les directions des hôpitaux et l'encadrement de proximité au sein de ceux-ci soient attentifs à cette catégorie professionnelle. Leur retour au travail doit être facilité et des mesures thérapeutiques spécifiques doivent être envisagées le plus précocement possible devant des signes évocateurs d'une souffrance.

Plus le confinement est long, pires sont ses conséquences sur la santé mentale. L'impact de certains facteurs de stress est en effet cumulatif. Limiter la durée du confinement à ce qui est nécessaire compte tenu de ce qu'on sait de la durée d'incubation et ne pas pécher par un excès de prudence permet de limiter cet impact. Il est également très important que les pouvoirs publics respectent la durée de confinement annoncée publiquement et ne la prolongent pas au-delà. Pour les personnes déjà confinées, une prolongation, aussi minime soit-elle, exacerbe le vécu de frustration et la démoralisation. Imposer un cordon sanitaire à des villes entières sans limite de temps précise, tel que cela a été le cas à Wuhan, métropole de 11 millions d'habitants chef-lieu de la province du Hubei au centre de la Chine, est potentiellement préjudiciable à la santé mentale. Nous examinerons plus loin les données concernant les effets négatifs du confinement à Wuhan (p. 134).

Malgré certaines limites méthodologiques, la revue de littérature du *Lancet* dont il a été question plus haut a fait état d'un impact psychologique marqué du confinement et potentiellement durable. Parmi les études concernées, une seule a pris en compte l'évolution de l'état des personnes confinées sur une plus longue période. Dans l'ensemble elles ont considéré un nombre réduit de personnes. Peu d'entre elles ont été en mesure de prendre comme référence des personnes non confinées, ce qui aurait permis d'attribuer avec plus de certitude les effets mesurés à la situation et donc d'asseoir plus nettement leurs conclusions. Le fait que les mesures aient été pratiquées avec des méthodes différentes d'une étude à l'autre complique la comparaison de leurs résultats. Très peu de ces études ont quantifié les symptômes de stress post-traumatique à l'aide d'échelles spécifiquement conçues à cet effet, ce qui affaiblit les conclusions qu'on peut en tirer.

L'ensemble de ces observations n'est pas en défaveur du confinement puisque le fait de ne pas y recourir peut avoir, non seulement, des conséquences désastreuses en termes de contamination, mais aussi, consécutivement, des effets psychologiques encore plus marqués. Aussi la meilleure attitude est de limiter au maximum le confinement et de tenir compte de son impact délétère sur la santé mentale des personnes lorsque la nécessité impose de le mettre en place. Au total, les manifestations les plus fréquentes, qu'il faut anticiper et prendre en compte lorsqu'elles se manifestent, sont les symptômes de stress post-traumatique, la confusion et la colère. Nous verrons plus loin que d'autres troubles, au premier chef desquels la dépression et le trouble anxieux généralisé, peuvent également être observés dans une telle situation et doivent donc être également recherchés et traités. Parmi les facteurs les plus stressants figurent la durée du confinement, la crainte d'être contaminé, la frustration, l'ennui, la pénurie de biens de première nécessité, le manque d'information, la perte financière et la stigmatisation. La plupart de ces conséquences négatives découlent de la restriction de liberté. Un confinement volontaire est associé à une moindre détresse et à moins de complications à long terme.

CHAPITRE 17

De l'importance de communiquer en période de confinement

Réduire la stigmatisation

L'éducation à la santé, la communication sur les motifs du confinement et toute autre information médicale fournie au grand public permettent de réduire la stigmatisation des personnes contaminées et de celles qui ont été en contact avec elles, dont les soignants. Des informations détaillées ciblant les milieux scolaire et professionnel peuvent aussi être utiles. Les responsables de la santé publique doivent communiquer clairement avec les personnes confinées sur la conduite à tenir devant tel ou tel symptôme. Au-delà des messages diffusés par les principaux médias, la population doit pouvoir accéder à l'avis d'un professionnel soignant grâce à une ligne téléphonique spécifique. Un tel service est très rassurant pour la population.

À l'inverse, les messages largement diffusés par les médias contribuent fréquemment à entretenir la crainte de la population et la stigmatisation d'une partie d'entre elle. En pleine période d'épidémie, les messages au sujet du nombre de morts diffusés en boucle par certaines chaînes d'information et les gros titres des journaux sur l'absence de traitement efficace ne peuvent générer que de la peur ou du rejet. Afin de modérer l'impact négatif d'informations qui peuvent avoir une forte influence sur l'attitude du public, il est encore une fois impératif que les pouvoirs publics transmettent à l'ensemble de la population dès le début de l'épidémie des messages clairs et efficaces, afin qu'elle puisse comprendre la situation et y faire face.

Réduire les effets du stress

Comment limiter les effets négatifs du confinement ? Lors de certaines épidémies, le confinement est certes nécessaire pour réduire le risque de transmission, mais il entraîne souvent des troubles psychologiques ou psychiatriques comme nous venons de le voir. L'ennui et l'isolement, partagés par toute la population, peuvent contribuer à la manifestation de ces troubles. Il est donc important de réduire l'ennui des personnes confinées en les informant et en les distrayant. Il faut aussi les faire bénéficier de techniques de gestion du stress et faciliter leur adaptation à la situation.

Les smartphones, ou au minimum les téléphones portables, et l'accès à un réseau wifi ou 4G sont devenus des biens de première nécessité. Des données en faveur d'un impact positif sur le vécu des personnes confinées et d'une réduction de leur sentiment d'isolement par des lignes de soutien à distance ont largement contribué au développement de nombreuses plateformes téléphoniques pendant la pandémie de Covid-19.

Au-delà d'une intervention professionnelle, garder contact avec son réseau social, même par simple voie téléphonique ou Internet, est un facteur de bien-être.

Les réseaux sociaux permettent de maintenir un lien avec les personnes qui ne partagent pas le même toit. Ils permettent aux personnes confinées de rassurer leurs proches quant à leur situation et à leur état de santé. Ils peuvent aussi favoriser l'entraide entre personnes affrontant la même situation de confinement, y compris si elles ne se connaissaient pas auparavant. Ce contact avec des personnes ayant un vécu similaire est un vecteur efficace de soutien mutuel. À ce titre, cette expérience peut paraître valorisante et utile. Nous verrons plus loin qu'elle ne tient pas toujours ses promesses. Autant les réseaux sociaux peuvent être utiles lorsque le contact est établi en direct avec le son et l'image, autant partager ses posts ou lire ceux des autres est nettement moins profitable car trop superficiel voire anxiogène à travers l'exposition répétitive à des informations inquiétantes.

La perte de ces moyens de communication peut entraîner une contrariété ou une anxiété chez chacun d'entre nous, voire favoriser l'expression de manifestations psychologiques ou psychiatriques chez les personnes les plus vulnérables. Afin d'éviter ces conséquences délétères, les pouvoirs publics doivent veiller à ce que les personnes confinées puissent accéder à un smartphone ou à un téléphone portable, à du matériel permettant de le recharger, ainsi qu'à un accès fonctionnel à un réseau wifi ou 4G.

De la part des pouvoirs publics

Tant que cela est possible, il est préférable pour les pouvoirs publics de favoriser un isolement volontaire, plutôt qu'un confinement imposé. Lorsque celui-ci est indispensable, sa durée doit être la plus brève possible.

Étant donné que la privation de liberté est toujours controversée, y compris lorsque son objectif est le bien public, elle doit toujours être maniée avec prudence. Si un recours au confinement ne peut être évité, toutes les mesures nécessaires doivent être prises pour que cette expérience reste la plus tolérable possible pour la population. Cela exige de faire preuve de transparence et de clarté dans la communication au sujet de ce qui se passe, des motifs des décisions qui sont prises, de la durée des mesures qui en découlent, des activités qui restent possibles pendant le confinement. Cela exige aussi de veiller à ce que les biens de première nécessité (tels que la nourriture, l'eau et les médicaments) restent disponibles et à ce que la solidarité entre personnes confinées se renforce.

Au fond, il faudrait faire en sorte que chaque citoyen conserve une certaine maîtrise de la situation, garde des contacts sociaux, préserve un niveau suffisant d'activité physique et soit valorisé quant à l'attitude responsable et citoyenne qu'il adopte. Même s'il est confiné par obligation, une part active lui incombe encore dans le respect qu'il porte aux consignes, dans les liens qu'il entretient ou développe avec autrui et dans la préoccupation qu'il va lui porter dans la durée. Étant donné le rôle que l'empathie, l'altruisme et la solidarité sont susceptibles de jouer, il est important d'encourager ces qualités, plus ou moins spontanément représentées chez chacun d'entre nous.

Les personnes exposées à une maladie contagieuse inquiétante sont très sensibles aux informations alarmistes qui peuvent être transmises par les responsables de la santé publique, ce qui peut les entraîner à surestimer les risques auxquels ils sont confrontés et les motifs de leur confinement. Une bonne connaissance de la maladie et des décisions sanitaires qu'elle implique est une priorité pour les personnes qui la subissent.

Il est essentiel que des informations sur la justification et les modalités du confinement soient largement communiquées. Il est en effet indispensable que les personnes confinées comprennent la situation, en saisissent les avantages pour la population, et y adhèrent. Une communication efficace et rapide est donc indispensable. Les pouvoirs publics doivent aussi s'assurer que les denrées essentielles ne manquent pas à la population. Des appels à l'altruisme sont également nécessaires. La période de confinement doit être courte et sa durée ne doit pas être prolongée au-delà de ce qui avait été initialement annoncé, sauf dans des circonstances extrêmes.

La communication appropriée en période de confinement doit également éviter le rejet de certaines catégories de population, en particulier celles qui sont susceptibles d'être porteuses du virus ou de la bactérie incriminée. Au Liberia durant l'épidémie d'Ebola, la stigmatisation a porté atteinte aux droits de certaines minorités. Des familles mises en quarantaine appartenant à des groupes ethniques, des tribus ou des minorités religieuses ont été perçues comme dangereuses parce qu'elles étaient différentes. Au-delà de la question d'Ebola et peut-être du fait de cette stigmatisation, ceux qui ont participé à cette étude ont préféré taire le fait qu'ils étaient atteints de maladies facilement curables et éventuellement ne pas se faire soigner.

Alors que la population a largement témoigné sa reconnaissance aux professionnels de santé durant la pandémie de Covid-19, ceux-ci ont fréquemment été victimes de stigmatisation lors d'épidémies antérieures. En Afrique, cette attitude s'est même parfois poursuivie assez longtemps après la fin du confinement, y compris lorsque l'épidémie était elle-même achevée. Les professionnels de santé confinés ont été nettement plus rejetés par les personnes de leur quartier que ceux qui ne l'ont pas été, ce qui suggère l'existence d'une stigmatisation ciblant spécifiquement les personnes confinées. En pratique ces personnes ont été évitées par les autres, qui se sont abstenues de les inviter, les ont traitées avec crainte et suspicion ou ont formulé des commentaires négatifs à leur encontre.

Pendant l'épidémie d'Ebola au Sénégal, certains professionnels de santé ont eu le sentiment que le fait qu'ils soient mis en quarantaine avait incité leurs proches à croire qu'ils exerçaient un travail trop risqué, ce qui a généré des tensions entre eux. Certains soignants n'ont pas pu reprendre leur travail à l'issue de cette mesure, du fait de la crainte de la contagion éprouvée par leur employeur. À l'instar du grand public, les professionnels de santé mis en quarantaine peuvent être victimes d'attitudes stigmatisantes. Les professionnels de santé placés en quarantaine sont solidaires de leurs collègues restés en poste, victimes du surcroît d'activité causé par leur retrait du service, et soucieux de la manière dont ils vivent cette situation. Être séparés de leurs collègues proches contribue au vécu d'isolement de ces professionnels mis en quarantaine. Il peut donc être très soutenant que ces collègues se préoccupent d'eux, ce dont l'encadrement doit s'assurer.

Principes devant présider à la gestion du confinement

Nous avons vu qu'il était essentiel que les ménages confinés ne subissent de pénurie ni alimentaire ni des produits de première nécessité. Ceux-ci doivent être fournis sans retard. Dans la mesure du possible, il est nécessaire d'anticiper l'organisation de leur approvisionnement et de concevoir des plans de conservation et de réaffectation afin de garantir que les ressources ne s'épuisent pas, comme cela a déjà été observé par le passé.

Très concrètement, les responsables politiques et administratifs qui organisent le confinement devraient toujours garder à l'esprit que tout le monde ne peut s'appuyer comme eux sur l'association salvatrice d'un sentiment d'utilité et d'une sécurité de l'emploi. Ils doivent avoir conscience que si le confinement est vécu négativement, ses conséquences s'exerceront à long terme et toucheront non seulement les personnes confinées, mais aussi plus largement les professionnels de santé et aussi potentiellement certains d'entre eux dans un second temps à travers la contestation judiciaire, administrative ou politique de leur action.

QUATRIÈME PARTIE

La pandémie de Covid-19

La pandémie de Covid-19 est due à un virus émergent, le coronavirus SARS-CoV-2. L'épidémie de SARS-CoV-2 de 2019-2020 s'est étendue dans un premier temps en Chine, à partir du foyer de Wuhan, avant de frapper brutalement l'Europe puis les États-Unis, le Brésil, l'Inde et bien d'autres pays quelques mois plus tard.

Cette chronologie fait que les premiers travaux concernant son impact sur la santé mentale durant l'épidémie sont originaires de Chine. Après avoir considéré les principales étapes de l'épidémie et des mesures prises pour en limiter l'extension, nous considérerons dans un premier temps ces travaux chinois, avant d'envisager les résultats d'une enquête réalisée en France de mars à mai 2020.

CHAPITRE 18

Les étapes de l'épidémie

Début de l'épidémie à Wuhan

Les premiers cas de SRAS-CoV-2 sont apparus mi-novembre 2019 dans la province de Hubei, en Chine continentale. L'Organisation mondiale de la santé (OMS) a rapidement alerté la République populaire de Chine. En raison du nombre des victimes et de la rapide saturation du système de santé, le gouvernement chinois a placé en quarantaine la région de Wuhan où des mesures de confinement strictes ont été imposées. En janvier 2020, de nombreux sites publics ont été fermés et d'importantes installations sanitaires ont été déployées. La construction de deux nouveaux hôpitaux de mille et mille six cents lits, destinés à faire face à l'afflux de patients frappés par le coronavirus, a été entreprise à partir de fin janvier et ils ont ouvert début février. La construction du premier d'entre eux n'a pris qu'une semaine, ce qui n'a alors pas manqué de frapper les esprits. Il a été appelé Huoshenshan, signifiant « montagne du Dieu du feu ». Ce personnage de la mythologie taoïste éliminerait le mal en produisant une forte chaleur. Le 11 février, plus de 40 000 personnes avaient été atteintes par le coronavirus en Chine et plus de 1 000 en étaient déjà mortes.

Le 30 janvier 2020, Tedros Adhanom Ghebreyesus, directeur général de l'OMS, a annoncé que l'épidémie de SARS-CoV-2 constituait une urgence de santé publique de portée internationale. À partir du 25 février, le nombre de cas déclarés en Chine est devenu inférieur à celui qui était observé dans le reste du monde. Le 11 mars 2020, l'OMS a préconisé l'instauration dans le monde entier de mesures préventives d'hygiène pour éviter la saturation des services de soins intensifs parmi lesquelles figuraient au premier plan la disparition des contacts physiques, des baisers et des poignées de main, la suppression des rassemblements, des grands événements, des déplacements et des voyages non indispensables, la promotion du lavage des mains et la mise en quarantaine des personnes infectées.

L'épidémie devient une pandémie

Le 11 mars 2020, le directeur général de l'OMS a qualifié l'épidémie de SARS-CoV-2 de pandémie, puisque 118 000 personnes étaient alors atteintes dans cent quatorze pays, 4 291 en étant mortes. Le 13 mars 2020, l'OMS a déclaré que l'Europe était devenue l'épicentre de la pandémie. Le 30 mars, cent quatre-vingt-dix-neuf pays et territoires étaient atteints par cette crise sanitaire mondiale, les plus touchés étant alors respectivement la Chine, l'Italie, les États-Unis, l'Espagne, l'Allemagne, l'Iran et la France. À cette date, on comptait alors dans le monde environ 735 000 cas confirmés (bien plus en réalité, car de nombreuses personnes n'avaient pas bénéficié de tests et ceux-ci étaient peu sensibles, comme cela a été évoqué plus haut), dont environ 156 000 en avaient guéri et 35 000 en étaient mortes.

Le 29 avril le SRAS-CoV-2 avait officiellement atteint 3 141 942 personnes dans le monde (en fait, beaucoup plus de personnes avaient déjà été touchées par la maladie, car les statistiques ne répertorient que les cas dont le diagnostic a été confirmé par un prélèvement positif et nous avons vu que de nombreuses personnes n'avaient pas été testées et que les tests utilisés étaient peu sensibles) et tué au moins 218 649 d'entre elles, dont 58 351 aux États-Unis, 27 682 en Italie, 26 097 au Royaume-Uni, 24 147 en Espagne et 24 087 en France, pays alors les plus touchés.

Ce même jour en ce qui concerne la répartition en France, les quatre régions les plus affectées par l'épidémie étaient l'Île-de-France (11 349 personnes y étaient alors hospitalisées et 5 787 y étaient déjà décédées), le Grand Est (4 170 personnes hospitalisées et 2 779 décès), Auvergne-Rhône-Alpes (2 610 personnes hospitalisées et 1 275 décès) et les Hauts-de-France (2 382 personnes hospitalisées et 1 330 décès).

CHAPITRE 19

Infection par le SRAS-CoV-2 : symptômes et données virologiques

Manifestations de l'infection au SARS-CoV-2

L'infection au SARS-CoV-2, bêta-coronavirus appartenant aux virus à ARN, entraîne dans 85 % des cas des manifestations rhinopharyngées ou respiratoires bénignes. La grande majorité des personnes atteintes présentent de la fièvre et une toux sèche. Des douleurs musculaires, des céphalées et des troubles digestifs peuvent également être présents. Des anosmies et agueusies (perte de l'odorat et du goût) brutales ont aussi été décrites, ainsi que des anomalies cutanées des extrémités ou encore une confusion ou une agitation en lien avec une atteinte cérébrale.

Risques de l'infection

Le principal facteur de gravité de l'infection au SARS-CoV-2 réside dans l'existence d'une forme pulmonaire sévère, voire foudroyante, appelée syndrome respiratoire aigu sévère (SRAS), qui est associée à un risque de décès très élevé.

Selon les premières données basées sur les résultats des campagnes de diagnostic par PCR, environ 15 % des personnes atteintes par le SARS-CoV-2 doivent être hospitalisées et 5 % requièrent des mesures de réanimation. Ces formes les plus sévères touchent principalement les personnes de plus de 70 ans ayant une pathologie associée.

C'est la disponibilité insuffisante de certains équipements de santé (chambres de réanimation avec respirateurs artificiels) qui a mis en difficulté les systèmes de santé de certains pays et engendré des réactions très négatives de la population devant des choix éthiques difficilement acceptables (décision de ne pas réanimer telle ou telle personne du fait de son âge ou d'une pathologie associée). En Europe, cela s'est principalement produit en Italie, où la population a de ce fait été très éprouvée. En France, malgré un équipement insuffisant au début de la crise, une telle situation ne s'est pas produite, grâce à une augmentation rapide du nombre de lits de soins intensifs (qui est passé de 7 000 avant la crise, selon ce que le Directeur général de la santé Jérôme Salomon a indiqué le 17 mars 2020, à 14 500 à l'issue) et du transfert par voie ferroviaire de certains patients en cours de réanimation vers les régions les moins touchées. Le recours à des TGV spécialement affrétés s'est avéré très spectaculaire, mais d'une efficacité controversée, du moins selon un rapport de la Fédération nationale des sapeurs-pompiers de France.

Formes peu ou pas symptomatiques, fréquence de la maladie et taux de mortalité

Alors que le taux de forme paucisymptomatique ou asymptomatique évoqué initialement n'était que de 60 %, il a été par la suite revu à la hausse. Le taux de mortalité dû à l'infection au SARS-CoV-2, c'est-à-dire le nombre de personnes mortes du fait de l'infection par ce virus divisé par le nombre de personnes atteintes, a été débattu. Le fait qu'on ne connaisse pas le nombre de personnes atteintes a singulièrement compliqué son estimation. En effet, initialement aucune étude n'avait recherché la présence du virus sur l'ensemble d'une population et le taux de forme asymptomatique était inconnu, mais probablement élevé.

Variable selon les pays et les souches, ce taux était alors considéré comme pouvant atteindre 2 à 4 %, celui de la grippe étant de 0,1 %. Plus tard, le taux de mortalité du SARS-CoV-2 a été estimé comme pouvant être compris entre 0,12 et 1 %, en tenant compte de données plus systématiques provenant d'Islande, du navire de croisière *Diamond Princess* et du comté de Santa Clara en Californie. Dans ce comté, la séroprévalence en population générale était comprise entre 2,49 % et 4,16 %. Les données en provenance de New York ont fait état d'une létalité de 0,6 %. En Chine, elle était de 0,66 %.

Selon l'Institut Pasteur, le taux de létalité moyen du SARS-CoV-2 serait proche de 0,7 %. Très fortement lié à l'âge, il est compris entre 0,001 % chez les moins de 20 ans à 10,1 % chez les plus de 80 ans. Il a même atteint au maximum 13 % sur le *Diamond Princess*, dont la moyenne d'âge des passagers était élevée.

Ce taux de létalité du SARS-CoV-2 dépend de plusieurs facteurs, dont l'état du système hospitalier et la pyramide des âges. Du fait de la jeunesse de sa population, l'Afrique a été relativement épargnée par l'épidémie.

Parmi les personnes soignées en réanimation en France, le taux de décès a initialement été estimé à 10 %, puis revu à la hausse ultérieurement jusqu'à 30 à 40 %. Ce dernier taux est très élevé. Il faut tenir compte du fait que parmi ces personnes en réanimation, beaucoup (mais pas toutes) avaient des comorbidités, c'est-à-dire qu'elles combinaient l'infection par le coronavirus SRAS-CoV-2 à des maladies chroniques sévères, ou à une importante vulnérabilité due à un âge avancé. Selon une étude de l'INRAE le taux de létalité consécutif à la pandémie de Covid-19 en France se situait autour de 0,5 %, ou 0,8 % en tenant compte des décès comptabilisés en Ehpad, au printemps 2020, avec des écarts très importants en fonction des tranches d'âge considérées.

Dès fin avril, le virus avait déjà muté

Le SARS-CoV-2 a une propension à muter. Fin avril, il existait déjà onze souches distinctes du virus selon une équipe de l'Université de Zhejiang en Chine. Les souches en circulation en Europe et à New York étaient considérées comme les plus dangereuses. L'hétérogénéité observée en termes de mortalité pourrait découler d'une virulence très différente d'une souche à l'autre du SARS-CoV-2.

Parmi les premières souches identifiées, le type L, observé dans 70 % des cas, était associé aux formes pulmonaires les plus sévères, alors que le type S (30 %) était associé à des formes moins graves, potentiellement inapparentes. L'ARN viral resterait présent dans certaines sécrétions corporelles pendant trois semaines.

CHAPITRE 20

La Covid-19 en Chine

Avant d'avoir une portée internationale puis mondiale début 2020, l'épidémie de maladie à coronavirus dite Covid-19 a éclaté à Wuhan, au centre de la Chine, fin décembre 2019. Des conséquences sur la santé mentale de la population générale et sur celle des professionnels de santé ont rapidement été rapportées à Wuhan.

Soutien psychologique et communication large

La commission nationale chinoise de la santé a rapidement publié un guide à l'intention des autorités locales afin de promouvoir des interventions psychologiques de crise destinées à tout citoyen, aux personnes en observation ou aux professionnels de santé. Parallèlement, des études ont été conduites pour déterminer quels types de troubles mentaux s'étaient développés, comment ils se répartissaient dans la population et comment les professionnels de santé avaient pu être spécifiquement touchés. Nous en considérerons les résultats plus bas.

Les services officiels chinois ont recouru à Internet et aux réseaux sociaux, en particulier les sites chinois tels que WeChat et Weibo, pour sensibiliser le public aux mesures prises face à l'épidémie. Ils ont ainsi cherché à contrecarrer les informations en circulation qui auraient pu s'avérer angoissantes. Ils se sont basés sur ce que l'OMS avait déclaré au sujet du rôle joué par la désinformation, les rumeurs dans la genèse de la peur, de l'anxiété et de la stigmatisation, et sur les résultats d'une étude sur les effets négatifs de l'exposition aux réseaux sociaux lors de l'épidémie de MERS en Corée du Sud.

Une première étude sur les conséquences psychologiques de l'épidémie

Une enquête en ligne consacrée aux conséquences de l'épidémie de Covid-19 en termes de troubles mentaux fréquents a été menée entre le 31 janvier et le 2 février 2020. Son objectif était de définir la fréquence et la distribution de l'anxiété et de la dépression au sein de la population chinoise en période de Covid-19 et de déterminer une éventuelle association avec l'exposition aux réseaux sociaux. Au total, 5 851 Chinois de plus de 18 ans y ont participé dont 4 872 sont allés au bout de l'enquête. Ils résidaient dans trente et une provinces et régions autonomes. Les réponses à deux échelles ont été jugées suffisantes pour déterminer si la santé mentale du participant était satisfaisante ou non.

Cette méthode est très approximative, d'autant que si un trouble anxieux était recherché à l'aide d'une échelle d'anxiété, la *Generalized Anxiety Disorder-7* (*GAD-7*) dans sa version chinoise, la présence d'une éventuelle dépression était déduite d'une simple réduction à l'échelle de bien-être en cinq items de l'OMS, le *WHO-Five-Well-Being Index* (*WHO-5*)[1]. L'exposition aux réseaux sociaux a été évaluée en demandant simplement aux personnes interrogées à quelle fréquence elles avaient été confrontées à des informations sur la Covid-19 durant la semaine précédente sur des réseaux sociaux tels que Sina Weibo, Zhihu, Douban, WeChat ou d'autres.

Alors qu'une étude chinoise antérieure avait montré qu'habituellement 16,6 % de la population chinoise sont touchés par un trouble mental quel qu'il soit (à l'exception des démences séniles), 7,6 % par un trouble anxieux et 6,9 % par un trouble dépressif, l'enquête menée en période d'épidémie de Covid a mis en évidence une fréquence beaucoup plus élevée de ces troubles. Selon les scores obtenus lors de l'enquête en ligne et en tenant compte du réductionnisme de l'évaluation qui s'est contentée de rechercher une dépression en utilisant une échelle non spécifique, 48,3 % des Chinois auraient été touchés par une dépression et 22,6 % avaient dépassé le seuil diagnostique d'anxiété, ce qui représente une très forte dégradation de leur santé mentale.

Si une augmentation de la fréquence des troubles mentaux lors d'épidémies ou de catastrophes naturelles est un phénomène bien connu, les auteurs de cette étude ont attribué

1. https://www.psykiatri-regionh.dk/who-5/Documents/WHO5_French.pdf.

la responsabilité de cette dégradation lors de l'épidémie de Covid-19 à une combinaison de messages pessimistes diffusés sur les réseaux sociaux, auxquels 82 % de la population étaient connectés de manière soutenue, et des contraintes liées au confinement.

De nombreux autres travaux avaient déjà suggéré qu'une exposition persistante aux réseaux sociaux pouvait entraîner une réaction de stress et une anxiété, susceptibles de dégrader de manière pérenne la santé mentale et d'entraîner consécutivement une sollicitation accrue des professionnels et des établissements psychiatriques. De tels effets ont en particulier été observés auparavant lors des épidémies d'Ebola et de grippe H1N1, ainsi que lors d'attaques terroristes, où la réaction de la population n'était pas proportionnelle à l'exposition au risque objectif, mais plutôt à l'exposition à des informations inquiétantes.

CHAPITRE 21

Mesures préventives strictes pour limiter la circulation du virus

Gestes barrières, distanciation physique, port de masques ou confinement ?

La contamination par le SARS-CoV-2 se fait principalement par voie respiratoire. Comme aucun vaccin ni médicament antiviral efficace n'était disponible au début de l'épidémie et du fait du mode de transmission du virus, seules les mesures d'hygiène destinées à freiner la contamination interhumaine, qui ont été décrites au chapitre 12, étaient susceptibles de réduire l'impact de cette épidémie virale. Cela a abouti à l'instauration des mesures de santé publique très strictes qui ont été évoquées plus haut et vont être explicitées ici. Elles ont dû être mises en œuvre de manière rigoureuse dans la plupart des pays du monde.

Les pouvoirs publics se sont ainsi appuyés sur des mesures très traditionnelles pour endiguer cette épidémie transmise par voie respiratoire. Ce sont les mêmes que celles qui sont employées depuis des siècles. En fonction des pays, leur mise en pratique s'est étendue d'une simple distanciation physique à un confinement strict. L'isolement, la quarantaine, la distanciation physique et le confinement communautaire ont ainsi été utilisés à l'échelle mondiale, ce qui est sans précédent.

En Europe, cette dernière modalité a été appliquée en France, en Italie, en Espagne et au Royaume-Uni. En Allemagne (où le nombre de morts n'avait pas dépassé 6 314 le 29 avril et était donc largement inférieur au nombre de morts britanniques, italiens, espagnols ou français), l'État fédéral n'avait pas imposé de confinement, donc pas d'interdiction des déplacements, mais une limitation des contacts sociaux.

La distanciation physique

La distanciation physique (également appelée « sociale », de manière peu appropriée) permet d'éviter que la maladie se transmette, sans imposer une séparation stricte entre personnes. Dans le cas d'une maladie contagieuse pulmonaire, elle est destinée à faire obstacle aux gouttelettes respiratoires qui permettent au virus de passer d'une personne à une autre.

Dès qu'une personne expire, elle émet des sécrétions respiratoires dans l'air prenant la forme de gouttelettes de différentes tailles. Alors que les plus grosses, au-delà de 5 microns, sédimentent rapidement, les plus petites se déshydratent pour former des *droplet nuclei* qui restent en suspension dans l'air, formant un aérosol. Ces sécrétions peuvent contenir des micro-organismes si la personne est atteinte d'une infection.

Ceux-ci peuvent se transmettre par inhalation des *droplet nuclei* ou par contact direct des muqueuses (de la gorge, du nez ou des yeux) avec les grosses gouttelettes. Celles-ci peuvent parcourir jusqu'à 2 mètres au maximum depuis la personne qui les a émises.

Les mains peuvent également être un vecteur de contamination après des contacts successifs avec des sécrétions ou une surface puis son propre visage. L'agent infectieux est susceptible de pénétrer par la bouche, le nez ou les yeux.

L'isolement

L'isolement interrompt la transmission lorsque le diagnostic a pu être posé avant que le virus ne soit excrété. Or le SARS-CoV-2 peut être transmis avant le développement des premiers symptômes.

L'isolement peut ainsi paraître inefficace de ce fait, mais il ne l'est toutefois pas complètement car l'excrétion du virus est plus importante après l'apparition des symptômes, même si une durée d'incubation relativement longue – environ cinq jours – réduit la possibilité d'identifier et d'isoler les cas.

La quarantaine et le confinement

Du fait d'une contagion possible dès la phase d'incubation et de l'existence de formes asymptomatiques, des mesures de quarantaine ont dû rapidement être adoptées à grande échelle, c'est-à-dire un confinement généralisé. Elles s'étaient déjà avérées efficaces lors de l'épidémie de SRAS en 2003.

Comparaison des méthodes susceptibles d'être mises en œuvre

Les avantages sociologiques, économiques et virologiques de chacune des méthodes ont été mis en balance dans chaque pays. Des modélisations informatiques ont permis de quantifier les bénéfices pouvant être attendus de la distanciation physique et des restrictions de déplacement en termes de transmission de la Covid-19.

Chaque gouvernement a planifié des actions lui paraissant les plus appropriées pour limiter la propagation de la pandémie, avec un large impact sur la communauté, sur tous les individus et familles, sur les employeurs, sur les écoles, sur les institutions culturelles et sur les entreprises. Lors de la prise de toute décision politique, des objectifs multiples et mutuellement incompatibles se sont inévitablement entrechoqués : si la prévention de l'expansion de la maladie et la réduction de la mortalité sont toujours restées prioritaires, il a fallu tenter aussi de limiter au maximum l'impact sur l'économie et prévenir d'éventuels heurts sociaux.

Le choix de confiner la population

Début 2020, lorsque le nombre de cas de Covid-19 augmentait rapidement, l'objectif principal ne pouvait être que la réduction du nombre de nouveaux cas. Dans les pays concernés, dont la liste a été évoquée plus haut, le confinement a rapidement été considéré comme le meilleur moyen de freiner une transmission exponentielle et d'aplatir la courbe épidémique. En France, la décision d'appliquer une mesure de confinement strict sur tout le territoire national a été annoncée le 16 mars par le président de la République Emmanuel Macron et appliquée dès le 17 mars à midi. Tout rassemblement a été proscrit et les activités professionnelles strictement limitées, selon une loi d'urgence sanitaire adoptée par le Parlement le 24 mars et prorogée ultérieurement jusqu'au 10 juillet. Les déplacements ont été réduits au strict nécessaire (achats alimentaires, soins, activité professionnelle lorsque le télétravail n'est pas possible) et aux sorties à proximité du domicile (en particulier pour des activités sportives individuelles solitaires de brève durée). Toute infraction a été sanctionnée. Les frontières de l'espace Schengen ont été fermées et le second tour des élections municipales a été reporté.

Le gouvernement français a requis l'avis d'un groupe d'experts ayant pris le nom de Conseil scientifique Covid-19, qui a rapidement conclu que le confinement devrait se poursuivre au moins six semaines. En pratique, il a ensuite été prolongé pour atteindre huit semaines. Comme dans certains pays asiatiques et dans d'autres pays européens, des mesures de confinement strictes combinées à un dépistage biologique systématique ont été considérées comme les plus efficaces pour ralentir le développement de la pandémie au niveau national. Une campagne de communication visant à recommander des gestes barrières et une distanciation physique a été lancée le 12 mars par le ministère des Solidarités et de la Santé.

Les médecins généralistes français et de nombreux médecins pratiquant d'autres spécialités médicales ont progressivement favorisé les téléconsultations pour faire obstacle aux risques de contamination. Toute visite a été interdite dans les Ehpad (établissement d'hébergement pour personnes âgées dépendantes) et les autres établissements pour personnes âgées ainsi que dans les établissements médico-sociaux.

Enfin, quelques semaines plus tard, avant d'envisager de lever les restrictions qui avaient été mises en place, il a fallu s'assurer que la capacité des hôpitaux permettrait de faire face aux nouveaux cas.

Le 30 avril, le ministre des Solidarités et de la Santé Olivier Véran a indiqué que le déconfinement, qui devait se faire progressivement à partir du 11 mai, serait plus ou moins rapide selon les départements en fonction de deux critères, le taux de passage aux urgences dû à la Covid-19 (moins de 6 %, entre 6 et 10 % ou plus de 10 %) et la part des patients en réanimation atteints par la Covid-19 (moins de 60 %, entre 60 et 80 %, plus de 80 %).

Des répercussions dans tous les domaines

La mise en place des mesures de confinement a eu un impact considérable sur les personnes et sur la société. Les répercussions sur la vie économique, allant jusqu'à la crainte d'un krach boursier – qui n'a pas eu lieu –, et sociale, avec l'annulation de tous les événements sportifs et culturels, ont eu une portée mondiale. Les frontières ont été fermées et la circulation aérienne a été interrompue pratiquement totalement. Le confinement a bouleversé les habitudes de chacun, qu'elles concernent son travail, ses liens avec ses proches, ses loisirs et la configuration de son réseau social. Pour nombre de personnes, il a été difficile de mener à bien conjointement télétravail, école à la maison et tâches ménagères. En quarantaine, l'ennui et l'isolement dominent le quotidien. Certains ont besoin de conseils pratiques sur les techniques d'adaptation et de gestion du stress. La possibilité de communiquer régulièrement avec ses proches, famille et amis, est essentielle. Les réseaux sociaux peuvent constituer des modalités de communication accessibles et peu coûteuses. À ce titre, ils facilitent le maintien des liens, même à distance.

Les professionnels de santé sont soumis à des facteurs de stress supplémentaires en raison de leur exposition à la maladie mais aussi du stress que cause la prise en charge de personnes sévèrement malades dans des circonstances parfois défavorables. Certains de ces professionnels se voient imposer un isolement dans le cadre d'une quarantaine, ou des horaires de travail prolongés les séparant de leur famille de manière durable. Ceux qui sont mis en quarantaine peuvent également craindre que leur retrait du service entraîne un surcroît de travail pour leurs collègues, ce qui peut leur valoir d'être rejetés.

Le maintien d'un fonctionnement économique et social minimal en période de confinement requiert une séparation des tâches et des rôles sociaux, en ce qui relève de l'essentiel (fournitures, soins de santé, etc.) et du superflu. La perturbation des rôles sociaux modifie la place et le sens de l'action des individus (changement eudémonique), ainsi que leur accès aux sources de plaisir que représentent les loisirs et les relations sociales (changement hédonique).

CINQUIÈME PARTIE

L'impact psychologique du confinement dû à la Covid-19 en France : une enquête française

CHAPITRE 22

Attendus de l'enquête

En France, l'impact du confinement sur le bien-être mental lors de l'épidémie de Covid-19 a été largement étudié par plusieurs équipes grâce à des questionnaires accessibles sur Internet. Au moment où j'ai écrit ce livre, de mi-mars à début mai 2020, seuls les résultats de l'enquête lancée très tôt par l'équipe du Centre ressource de réhabilitation psychosociale étaient disponibles.

Tous les résultats que je vais exposer dans ce chapitre sont issus d'une première analyse descriptive des données brutes que nous avions recueillies ou des statistiques qui avaient été faites pour les deux premiers articles scientifiques publiés par la suite dans des revues internationales.

Faire face à la situation

J'ai évoqué au début de l'ouvrage les mécanismes expliquant le fait que le stress généré par la situation de blocage et d'inquiétude due à la combinaison de la peur du coronavirus et du changement brutal de mode de vie dû au confinement avait plongé toute la population française dans un état de sidération mentale mi-mars 2020.

M'engager dans un projet en lien avec la thématique du moment a été pour moi une manière de faire face. Cette entreprise a mené à la fois à la réalisation de la vaste enquête dont il va être question dans les prochaines pages et à l'écriture de ce livre.

Rôle des collaborateurs impliqués dans l'étude

Le 18 mars, j'ai proposé à Frédéric Haesebaert, que j'ai présenté dans l'introduction, d'étudier avec moi les facteurs pouvant permettre à la population de surmonter l'épreuve. Travaillant de longue date sur les troubles mentaux sévères dont la schizophrénie chez les jeunes, il souhaitait savoir comment ces personnes vulnérables allaient réagir. Nous avons élaboré ensemble le contenu de l'enquête dans les quelques jours qui ont suivi.

Nous nous sommes rapidement appuyés sur Élodie Zante, alors interne en fin de cursus de psychiatrie, qui s'est impliquée dans le projet sans compter son temps et a permis la création d'un formulaire de qualité. C'est elle qui a mis en ligne le questionnaire sur un site web permettant la création de formulaires d'enquêtes statistiques et de sondage, appelé LimeSurvey. Floriane Todoroff, chargée de communication au Centre ressource de réhabilitation psychosociale (CRR), a mis en ligne l'accès à l'étude sur le site web du CRR et a diffusé l'information sur les réseaux sociaux.

Benjamin Rolland, professeur des universités-praticien hospitalier en addictologie, a donné son avis sur la partie du questionnaire qui concerne la consommation de substances et le recours aux écrans et il s'est impliqué ultérieurement dans la valorisation des résultats concernant cet aspect.

Le traitement des données a été fait par Julie Haesebaert, maître de conférences des universités-praticien hospitalier en santé publique, qui nous a auparavant donné de précieux conseils sur la manière dont les données devraient être recueillies afin d'en faciliter l'exploitation. C'est elle qui a réalisé les analyses descriptives qui sont présentées dans les tableaux qui vont suivre.

Durée et périmètre de l'étude

L'enquête est restée ouverte pendant tout le confinement, dont la durée, initialement fixée à deux semaines, a été prolongée à deux reprises. Nous avons décidé d'extraire les données à la fin de chaque semaine de confinement, avec l'idée de pouvoir mener une étude sur l'évolution du bien-être mental dans la durée. Les données concernant la deuxième semaine de confinement sont celles qui vont être présentées dans les pages qui suivent. Nous avons continué à recueillir des données sur la période allant de la troisième à la huitième semaine de confinement. Elles sont encore en cours d'analyse. Seules quelques données brutes parcellaires seront présentées plus loin.

L'information a été diffusée par les réseaux sociaux et par voie de presse. Des quotidiens nationaux et régionaux ont relayé l'information. Cette enquête a dépassé le cadre national puisque sur les 20 135 personnes ayant répondu avant le 30 mars, 19 784 étaient françaises. Les autres résidaient dans le reste de la francophonie, en particulier au Québec, en Suisse, en Belgique, au Proche-Orient ou en Afrique. Durant cette deuxième semaine de confinement, le nombre de questionnaires ayant été remplis jusqu'au bout par des personnes résidant en France s'élevait à 11 410. Les résultats qui vont être présentés sont issus d'analyses pratiquées sur les données de cet échantillon. Dès que nous avons lancé le projet, nous avons recueilli un intérêt marqué de la population, se manifestant par divers retours spontanés.

Quelles ont été les données recueillies ?

Après avoir recueilli différentes informations destinées à décrire les participants et leur mode de vie, nous avons évalué leur score de bien-être mental. Pour ce faire, nous nous sommes appuyés sur l'échelle de bien-être mental appelée WEMWBS qui a été décrite plus haut.

Après une caractérisation de la population qui participait à l'enquête, nous souhaitions décrire l'évolution de son comportement pendant la période de confinement. Mettre en perspective différentes variables avec le score à la WEMWBS nous a permis de comprendre les facteurs qui influencent la santé mentale dans cette période. Les résultats qui sont présentés dans les pages suivantes sont issus d'analyses descriptives ayant été pratiquées sur les données brutes de l'étude. Pour cette raison, elles ne sont pas strictement superposables aux données publiées dans les articles scientifiques que nous avons également rédigés.

CHAPITRE 23

Description de l'échantillon ayant répondu à l'enquête

Profil des participants

Les participants de l'étude reflètent la diversité de la société (voir les tableaux 1 à 5, qui suivent). Ils étaient âgés de 11 à 99 ans, la majorité d'entre eux ayant entre 30 et 54 ans. Les deux tiers d'entre eux vivaient en couple. Un peu plus de la moitié d'entre eux n'avait pas d'enfants.

La catégorie des cadres et des professions intellectuelles supérieures était la plus représentée parmi eux, suivie par celles des professions de santé et des employés. Plus d'un tiers d'entre eux avait un niveau Master et plus d'un cinquième un niveau Licence.

Tableau 1. Âge des participants

Classe d'âge	Nombre de participants	Proportion (%)
11-17 ans	79	0,69
18-29 ans	3 341	29,29
30-54 ans	6 124	53,69
55-64 ans	1 235	10,83
65-75 ans	547	4,80
> = 75 ans	81	0,71

Tableau 2. Statut marital des participants

Statut marital	Nombre de participants	Proportion (%)
Célibataire	2 962	25,96
Marié(e) ou en couple	7 361	64,51
Divorcé(e) ou séparé(e)	967	8,48
Veuf/veuve	120	1,05

Tableau 3. Nombre d'enfants des participants

Nombre d'enfant(s)	Nombre de participants	Proportion (%)
0	5 728	50,38
1	4 206	36,99
2	1 436	12,63

Tableau 4. Catégorie socioprofessionnelle des participants

Catégorie socioprofessionnelle	Nombre de participants	Proportion (%)
Agriculteur	20	0,18
Artisan/commerçant	269	2,36
Cadre/profession intellectuelle sup	3 556	31,17
Profession intermédiaire	811	7,11
Employé	1 801	15,78
Ouvrier	144	1,26
Autre	792	6,94
Étudiant	1 184	10,38
Profession de santé	2 256	19,77
Travailleur social	577	5,06

Tableau 5. Niveau d'étude des participants

Niveau d'études	Nombre de participants	Proportion (%)
Aucun diplôme	88	0,77
Brevet	168	1,47
CAP/BEP	483	4,23
Bac	1 328	11,64
Bac + 2	1 519	13,31
Bac + 3	2 469	21,64
Bac + 5	4 222	37,00
Bac + 8	1 133	9,93

Acceptation du confinement

L'immense majorité de la population acceptait pleinement le confinement (voir le tableau 6) et se sentait plutôt bien informée à son sujet. Elle se sentait à la fois satisfaite du niveau d'information et trouvait claires les informations des autorités sur la Covid-19 (voir les tableaux 7 et 8).

Tableau 6. Acceptation du confinement

Accord avec la mesure de confinement	Nombre de participants	Proportion (%)
Complètement d'accord	8 398	73,60
Assez d'accord	2 015	17,66
Ni d'accord ni pas d'accord	555	4,86
Plutôt en désaccord	321	2,81
Complètement en désaccord	121	1,06

Tableau 7. Satisfaction de l'information

Satisfaction vis-à-vis du niveau d'information/ confinement	Nombre de participants	Proportion (%)
Complètement d'accord	2 369	20,76
Assez d'accord	5 208	45,64
Ni d'accord ni pas d'accord	1 874	16,42
Plutôt en désaccord	1 476	12,94
Complètement en désaccord	483	4,23

Tableau 8. Clarté de l'information

Clarté des informations officielles sur la Covid-19	Nombre de participants	Proportion (%)
Très claires	2 755	24,15
Assez claires	4 654	40,79
Ni claires ni floues	1 583	13,87
Plutôt floues	1 738	15,23
Très floues	680	5,96

Accès aux moyens de protection

La population était préoccupée par le manque d'accès aux moyens de protection (masques et gel hydroalcoolique). En revanche, près de deux tiers des personnes ne craignaient pas une pénurie des produits de première nécessité (voir les tableaux 9 et 10).

Tableau 9. Inquiétude des participants quant au manque d'accès aux moyens de protection

Préoccupation vis-à-vis du manque d'accès protection	Nombre de participants	Proportion (%)
Non	2 056	18,02
Plutôt non	2 320	20,33
Plutôt oui	3 441	30,16
Oui	3 593	31,49

Tableau 10. Inquiétude des participants quant au manque d'accès aux produits de première nécessité

Préoccupé(e) par l'accès aux produits de première nécessité	Nombre de participants	Proportion (%)
Non	7 322	64,17
Oui, mais pour l'instant j'ai tout	3 530	30,94
Oui et je n'ai pas tout	558	4,89

Logement

La plupart des personnes étaient confinées dans un logement dont la surface était comprise entre 30 et 89 mètres carrés. Un peu plus d'un quart d'entre elles vivaient dans plus de 120 mètres carrés (voir le tableau 11) ; 22 % d'entre elles étaient confinées seules et un peu plus de trois quarts l'étaient à plusieurs (voir le tableau 12).

Tableau 11. Surface du logement des participants

Surface du logement	Nombre de participants	Proportion (%)
3 à 17 m^2	76	0,67
18 à 29 m^2	308	2,71
30 à 89 m^2	5 508	48,41
90 à 119 m^2	2 503	22,00
120 m^2 et plus	2 983	26,22

Tableau 12. Nombre de personnes vivant ensemble

Nombre de personnes confinées ensemble	Nombre de participants	Proportion (%)
Seul(e)	2 529	22,16
de 2 à 9	8 862	77,67
10 et plus	19	0,17

Activité professionnelle

Plus de 60 % des personnes ont continué à travailler durant le confinement (voir le tableau 13). Une partie de celles qui travaillaient auparavant se sont retrouvées en chômage partiel durant cette période (voir le tableau 14). Les étudiants représentaient 15 % de l'effectif total ayant répondu.

Plus de la moitié des personnes craignaient que la crise ait des répercussions financières (voir le tableau 15) et presque 20 % qu'elle entraîne une précarité (voir le tableau 16). Parmi celles qui travaillaient, plus de 36 % anticipaient une réduction de leur charge de travail (voir le tableau 17).

Tableau 13. Participants ayant travaillé durant le confinement

Travail lors du confinement	Nombre de participants	Proportion (%)
Non (dont retraite et invalidité)	4 421	38,75
Oui	6 989	61,25

Tableau 14. Modalités de travail des participants

Modalités de travail	Nombre de participants	Proportion (%)
Travail sur site	2 037	17,85
Télétravail sans enfants	2 215	23,63
Télétravail avec enfants	1 626	17,35
Arrêt, congés ou chômage partiel, invalidité, retraite	4 098	43,72
Étudiants (certains travaillent sur site, en télétravail ou non)	1 434	15,30

Tableau 15. Crainte de répercussions financières des participants

Crainte de répercussions financières	Nombre de participants	Proportion (%)
Certainement pas	1 553	13,61
Probablement pas	3 780	33,13
Probablement	3 023	26,49
Très probablement	3 054	26,77

Tableau 16. Crainte d'une précarité des participants

Cela risque-t-il d'entraîner une précarité ?	Nombre de participants	Proportion (%)
Très probablement	757	6,63
Probablement	1 452	12,73
Probablement pas	4 973	43,58
Certainement pas	4 228	37,06

Tableau 17. Charge de travail des participants

Charge de travail	Nombre de participants	Proportion (%)
Inférieure	2 568	36,74
Identique	1 711	24,48
Supérieure	1 483	21,22
Imprévisible	1 227	17,56
Données manquantes = 4 421		

Occupations pendant le confinement

Le tableau 18 montre comment les Français ayant répondu à l'enquête se sont occupés durant la deuxième semaine de confinement. S'il était attendu que presque tous discutaient chaque jour avec leurs proches ou allaient sur Internet, il est intéressant de constater que presque la moitié d'entre eux s'adonnaient alors à une sieste quotidienne.

En dehors du travail, les activités les plus prenantes, occupant presque 1 personne sur 5 plus de quatre heures par jour, étaient les soins apportés aux enfants et le temps passé sur Internet.

Tableau 18. Répartition des activités quotidiennes des participants

Activités	Réalisées oui/non		Réalisées au moins 4 h/jour	
	Nombre de participants	Proportion (%)	Nombre de participants	Proportion (%)
Travail ou étude	9 349	81,94	5 394	47,27
Prendre soin de soi	11 296	99,00	259	2,27

Activités	Réalisées oui/non		Réalisées au moins 4 h/jour	
	Nombre de participants	Proportion (%)	Nombre de participants	Proportion (%)
Discuter avec ses proches	11 221	98,34	1 694	14,85
S'occuper des enfants	4 156	36,42	2 085	18,27
Ménage	11 069	97,01	401	3,51
Bricolage	5 396	47,29	218	1,91
Cuisine	10 805	94,70	476	4,17
Sortir	7 283	63,83	152	1,33
Regarder les informations	10 110	88,61	458	4,01
Lire	9 609	84,22	592	5,19
Activités créatives	6 267	54,93	294	2,58
Sport	7 805	68,40	224	1,96
Jeux vidéo	3 687	32,31	428	3,75
Jeux proches	4 568	40,04	295	2,59
Réseaux sociaux	9 822	86,08	988	8,66
Téléphoner	10 570	92,64	559	4,90
SMS	10 649	93,33	577	5,06
Internet	11 254	98,63	2 106	18,46
Méditer	5 857	51,33	125	1,10
Divaguer	8 395	73,58	435	3,81
Ruminer	7 063	61,90	533	4,67
Sieste	5 634	49,38	252	2,21

La principale difficulté rapportée par l'échantillon considéré était le grignotage (voir le tableau 19). Parmi les facteurs permettant de surmonter la crise figuraient au premier plan les répercussions positives sur l'environnement et la conviction d'une issue favorable. Les médias n'étaient nullement considérés comme une aide (voir le tableau 20).

Tableau 19. Difficultés rapportées par les participants

Difficultés rencontrées	Nombre de participants	Proportion (%)
Rythme veille-sommeil	3 177	27,84
Endormissement	2 615	22,92
Repos	4 014	35,18
Repas	1 031	9,04
Grignotage	4 495	39,40
Création de routines	3 194	27,99
Absence de difficulté	3 049	26,72

Tableau 20. Stratégies développées par les participants pour faire face à la crise

Stratégies pour faire face	Nombre de participants	Proportion (%)
Propos de l'entourage	3 932	34,46
Médias	397	3,48
Conviction d'une issue favorable	5 659	49,60
Connaissances scientifiques	3 497	30,65
Foi religieuse	826	7,24
Autres croyances	307	2,69
Expérience passée	5 035	44,13
Récit d'expériences	1 057	9,26
Entraide	3 749	32,86

Stratégies pour faire face	Nombre de participants	Proportion (%)
Répercussions positives sur l'environnement	5 963	52,26
Répercussions positives individuelles	2 882	25,26
Substances toxiques	861	7,55
Médicaments	444	3,89
Aucun	646	5,66

Certains comportements se sont modifiés pendant le confinement (voir le tableau 21). La consommation d'écran a augmenté chez près de 69 %, celle d'aliments gras chez 36 %, celle de café chez 19 % et celle d'alcool chez près de 18 % des personnes ayant répondu. Près d'un quart des personnes ayant participé à l'enquête estimaient ne pas bénéficier de soutien social (voir le tableau 22).

Tableau 21. Modification des consommations des participants

		pas de consommation	consommation identique ou baisse	augmentation
Café	Nombre	1 246	7 956	2 208
	%	10,92	69,73	19,35
Aliments gras ou sucré	Nombre	513	6 764	4 133
	%	4,50	59,28	36,22
Tabac	Nombre	8 258	1 872	1 280
	%	72,38	16,41	11,22
Alcool	Nombre	4 310	5 076	2 024
	%	37,77	44,49	17,74

		pas de consommation	consommation identique ou baisse	augmentation
Cannabis	Nombre	10 715	462	233
	%	93,91	4,05	2,04
Autres drogues	Nombre	11 215	176	19
	%	98,29	1,54	0,17
Anxiolytiques	Nombre	10 192	807	411
	%	89,33	7,07	3,60
Antalgiques	Nombre	7 993	2 988	429
	%	70,05	26,19	3,76
Somnifères	Nombre	10 789	448	173
	%	94,56	3,93	1,52
Écrans	Nombre	101	3 451	7 858
	%	0,89	30,25	68,87

Tableau 22. Soutien social dont ont rapporté bénéficier les participants

Soutien social	Nombre de participants	Proportion (%)
Non	2 725	23,88
Oui	8 685	76,12

CHAPITRE 24

Impact sur le bien-être mental

Considérons maintenant le bien-être mental, principal critère de santé mentale. Au début du confinement, le score à la WEMWBS était en moyenne de 49,3, plus faible que celui qui avait été retrouvé antérieurement chez les personnes en bonne santé mentale. En France (voir plus haut), les adultes ayant un emploi avaient obtenu 53 ; ce même score avait été retrouvé chez les étudiants. Au Royaume-Uni, ce score était de 51 chez les adultes ayant un emploi et de 50 chez les étudiants.

Principaux facteurs déterminant le bien-être mental

Regardons maintenant à quels facteurs ce score était lié. Tout d'abord, plus les participants étaient âgés, meilleur était leur bien-être (voir Figure 6).

Les personnes en couple ont déclaré avoir un meilleur bien-être que celles qui vivaient seules (voir le tableau 23).

Figure 6. Score de bien-être mental selon l'âge des participants

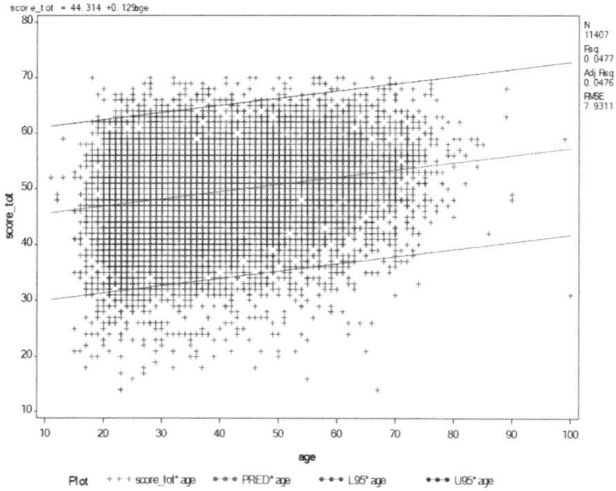

Les personnes en invalidité, les agriculteurs et les étudiants affichaient les scores de bien-être les plus faibles, alors que les scores les plus élevés étaient rapportés par les professionnels de santé (voir les tableaux 24 et 25).

Enfin, plus la surface du logement était grande, meilleur était le bien-être de son occupant (voir le tableau 26).

Tableau 23. Score moyen de bien-être mental selon la situation conjugale des participants

Situation conjugale	Nombre de participants	Score moyen de bien-être mental
Seul(e) [séparé(e), divorcé(e), veuf(ve)]	4 049	48,11
Couple	7 361	50,04

Tableau 24. Score moyen de bien-être mental selon la situation professionnelle des participants

Situation professionnelle	Nombre de participants	Score moyen de bien-être mental
Salarié	6 946	49,78
Indépendant	1 087	50,52
En recherche d'emploi	568	47,18
Étudiant	1 425	46,50
Sans activité	359	46,96
Invalidité	175	44,65
Retraité	850	52,66

Tableau 25. Score moyen de bien-être mental selon la catégorie professionnelle des participants

Catégorie	Nombre de participants	Score moyen de bien-être mental
Agriculteur	20	45,55
Artisan ou commerçant	269	50,00
Cadre ou profession intellectuelle supérieure	3 556	50,51
Profession intermédiaire	811	49,43
Employé	1 801	48,19
Ouvrier	144	47,90
Autre	792	47,65
Étudiant	1 184	46,03
Profession de santé	2 256	50,61
Travailleur social	577	50,27

Tableau 26. Score moyen de bien-être mental selon la surface du logement des participants

Surface du logement	Nombre de personnes	Score moyen de bien-être mental
3 à 17 m^2	76	42,56
18 à 29 m^2	308	44,99
30 à 89 m^2	5 508	46,21
90 à 119 m^2	2 503	48,63
120 m^2 et plus	2 959	49,81

Que nous indiquent ces données ?

Le confinement modifie les organisations et les contraintes personnelles. Source de stress, il s'accompagne d'une dégradation potentielle du bien-être s'il se prolonge. Les conditions d'existence quotidiennes jouent un rôle important. Ainsi, être confiné seul dans une petite surface s'est avéré pire que d'être confiné à plusieurs dans un logement de grande taille. Pouvoir continuer à exercer un travail bénéficiant de l'estime de la population et source d'un sentiment d'utilité personnelle, à l'instar des professionnels de santé applaudis chaque soir à 20 heures pendant toute la durée de la crise, était associé à un niveau de bien-être satisfaisant.

Une analyse multivariée a été conduite sur les résultats pondérés en fonction des données de l'Insee, afin qu'ils soient représentatifs de la population française en termes d'âge et de sexe. Elle a montré que le fait d'être un homme, d'avoir une partenaire et d'être plus instruit était favorable à un meilleur bien-être. À l'inverse, le fait d'avoir un enfant de moins de 10 ans était associé à un bien-être plus faible. Le fait de pouvoir aller travailler ou même télétravailler était bénéfique au bien-être. Cette analyse a aussi mis en évidence un bien-être plus élevé chez les participants qui bénéficiaient de contacts sociaux fréquents, y compris par téléphone ou par SMS, mais pas *via* les réseaux sociaux. Cette étude confirme le caractère superficiel de ces derniers et une utilité, en dehors bien entendu des modalités de discussion en direct (par son, image ou même texte) essentiellement limitée au domaine du simple renforcement narcissique.

En ce qui concerne le niveau moyen de bien-être, ces résultats étaient cohérents avec ceux qui avaient été obtenus en dehors de cette situation de pandémie virale, hormis ceux des étudiants, bien inférieurs aux scores obtenus précédemment. Des facteurs individuels et institutionnels, liés aux universités, ont pu avoir un rôle négatif. Comme toute la population étudiante française, les étudiants ont été confrontés à une rupture sociale associée à une perte de liberté et à des peurs collectives. Ils ont aussi subi les conséquences de la fermeture des universités et ont vécu le doute de pouvoir valider leurs examens et avancer dans leur cursus. La combinaison de ces différents facteurs a suscité chez eux un sentiment marqué d'incertitude quant à leur avenir, source de stress et d'altération de leur bien-être mental.

En zone urbaine

La vulnérabilité des habitants des zones urbaines, où une densité de population élevée rend difficile la distanciation physique et où il est plus compliqué de maintenir une activité sportive, a été confirmée, notamment pour les personnes qui vivent dans de petits appartements sans accès à un espace extérieur.

Le fait de ne pas pouvoir poursuivre une activité professionnelle a aggravé ces conséquences. Maintenir des contacts sociaux grâce au téléphone ou à des SMS était salutaire dans ce contexte.

Consommation alimentaire

Le lien envisagé plus haut entre la réduction du bien-être mental et la modification des comportements, notamment alimentaires, informatiques et toxiques, a été confirmé par l'analyse multivariée des données pondérées.

Près d'un quart des participants ont modérément augmenté leur consommation d'aliments caloriques, gras ou sucrés, tandis que près de 60 % d'entre eux ne l'ont pas augmentée ou l'ont même réduite. Parmi les personnes qui ont augmenté leur apport calorique quotidien, les femmes jeunes confinées seules figuraient au premier plan.

Consommation d'écrans

En ce qui concerne les écrans, 99 % des participants y avaient recours. En dehors des 1 % qui ne les utilisaient jamais, 1,5 % ont réduit leur temps d'écran quotidien, tandis qu'un peu plus d'un tiers n'ont déclaré aucune modification à ce sujet.

Près de 50 % des participants ont modérément augmenté leur consommation et 15 % ont déclaré avoir perdu tout contrôle dessus. Les personnes les plus enclines à passer du temps sur les écrans étaient les jeunes femmes, les personnes seules ou les personnes ayant cessé leur activité professionnelle en raison du confinement.

Consommation de tabac, de cannabis, d'alcool

Un quart des participants étaient fumeurs. Un peu plus de 43 % d'entre eux n'ont pas modifié leur consommation de tabac pendant le confinement, tandis qu'un quart l'a modérément augmentée, moins de 1 personne sur 10 a eu des difficultés à la contrôler, 1 personne sur 6 l'a réduite ou arrêtée et un peu plus de 1 sur 20 l'a réduite mais se plaignait d'un état de manque. Les participants qui ont augmenté leur consommation étaient plutôt des femmes ou des personnes seules.

Plus de 6 personnes sur 10 consommaient régulièrement de l'alcool avant d'être confinées. Parmi elles, 58 % n'ont pas modifié leur consommation pendant le confinement, 1 personne sur 4 l'a modérément augmentée, un peu moins de 1 sur 10 en a perdu le contrôle, 1 sur 6 l'a réduite ou arrêtée sans ressentir de gêne particulière et moins de 1 sur 100 l'a réduite avec comme conséquences des manifestations de sevrage. Les personnes dont la consommation d'alcool a augmenté étaient plutôt qualifiées et appartenaient à la catégorie des 30-49 ans.

Seuls un peu plus de 5 % des participants ont reconnu consommer régulièrement du cannabis avant l'enquête.

Parmi eux, 4 personnes sur 10 n'ont pas modifié leur consommation moyenne pendant le confinement, tandis que 1 sur 4 l'a augmentée modérément et 7 % l'ont augmentée avec une perte de contrôle. Presque 3 personnes sur 10 parmi elles ont réduit leur consommation, la grande majorité d'entre elles n'ayant été victime d'aucune sensation de manque. Cette dernière n'a touché que 7 % des personnes qui consommaient initialement du cannabis. Ceux qui ont augmenté leur consommation de cannabis avaient moins de 49 ans, un niveau d'études relativement faible et ils n'avaient pas accès à un espace extérieur (terrasse, balcon ou jardin) depuis leur logement.

Consommation et santé mentale

Dans l'ensemble, la réduction du bien-être mental associée à l'épidémie de Covid-19 s'est traduite par une augmentation de toutes les consommations. L'utilisation des écrans a monté en flèche. Près des deux tiers des personnes ont rapporté une augmentation et 15 % d'entre elles ont éprouvé des difficultés pour restreindre leur utilisation. Une augmentation précoce de la consommation d'aliments caloriques et de différentes substances a aussi été mise en évidence.

Des modèles animaux ont montré que la réduction des liens sociaux accroît le stress, ce qui entraîne une augmentation de l'alimentation, du poids et de la consommation de substances. En ce qui concerne l'homme, nous disposons certes de données éparses sur le sujet concernant les situations d'isolement évoquées dans la deuxième partie du livre, mais elles concernent des personnes seules ou de petits groupes d'individus. En revanche, peu de données épidémiologiques sont disponibles. Par ailleurs, les situations de réduction brutale des interactions sociales au niveau d'une population entière sont rares. Nous disposons cependant de quelques données à ce sujet. Des études réalisées en période de conflit ont montré que l'environnement social des soldats s'amenuisait et que leur consommation de substances augmentait en parallèle. Par exemple, des études portant sur les soldats américains ayant participé à la guerre du Vietnam dans les années 1970 ont mis en parallèle une réduction importante des interactions sociales et un recours aux opioïdes pendant les opérations sur le terrain, avec un arrêt de la consommation à l'issue.

Dans l'enquête en période de confinement, le type de consommation préférentielle était lié aux caractéristiques des personnes. La consommation d'aliments caloriques a été préférée par les jeunes femmes seules vivant dans un logement exigu. Chez les femmes, la possibilité de recourir à une alimentation émotionnelle dans un environnement stressant avait déjà été rapportée. Le recours aux écrans était plus fréquent chez les femmes célibataires de moins de 30 ans ne travaillant pas et confinées en zone urbaine, sans accès à un espace extérieur. Le stress et le fait de vivre seul sont des facteurs déjà connus d'utilisation des écrans, en particulier chez les jeunes. Ne pas travailler a déjà été associé à l'augmentation du temps passé sur Internet. Selon une étude antérieure, l'augmentation de l'utilisation d'Internet dans un environnement stressant est plus marquée chez les jeunes vivant en zone urbaine. Cette donnée est cohérente avec les résultats de l'enquête, durant laquelle le contexte était plus contraint.

Les femmes célibataires peu qualifiées couraient plus de risque d'augmenter leur consommation de tabac. Or il avait déjà été rapporté que le fait d'être une femme jeune est associé à une consommation de tabac. La consommation d'alcool touche des personnes plus mûres, entre 30 et 49 ans, avec un niveau d'études plus élevé. Peut-être la consommation accrue d'alcool est-elle moins stigmatisée que celle du tabac ou du cannabis, davantage considérée comme réservée aux plus modestes ? Effectivement, ceux qui ont augmenté leur consommation de cannabis étaient plutôt de jeunes travailleurs avec un faible niveau d'études et, en dehors de la question du confinement, la population qui consomme régulièrement cette substance en France reste jeune.

Évolution du bien-être mental au fil du confinement

Enfin, nous avons regardé l'évolution du score moyen de la WEMWBS au fil du confinement, durant lequel les contraintes exercées sur la population ont été constantes et sont restées fortes. Or le score brut moyen du bien-être mental est passé de 49,3 à la deuxième semaine à 49,7 à la troisième, 48,5 à la quatrième, 47,7 à la cinquième puis 47,5 à la sixième et septième (selon une extraction des données faite le 4 mai).

Malgré un effectif hebdomadaire hétérogène, s'étendant de moins de 1 000 à plus de 10 000, on peut considérer que le bien-être mental a évolué à la baisse durant le confinement en France. Cette altération progressive du bien-être mental s'est traduite, entre autres, par une augmentation de l'anxiété de la population.

Confinement, facteur de stress

Au total, le confinement a joué le rôle d'un facteur de stress. Il a altéré le bien-être de la population française, touchant plus fortement les étudiants, les personnes en invalidité et celles qui vivent dans les conditions les plus modestes. Cette évolution défavorable s'est poursuivie au fil des semaines. Une modification des consommations était associée, avec une augmentation du recours aux écrans, aux aliments caloriques et aux substances toxiques, au premier rang desquelles figure l'alcool. Reste à voir si cette augmentation se maintiendra dans la durée.

L'augmentation du stress est susceptible de révéler les fragilités de chacun. En pratique, il est plausible d'anticiper une augmentation des troubles anxieux généralisés et des dépressions après le confinement, modes d'expression les plus fréquents d'une vulnérabilité psychique, y compris chez des personnes indemnes jusque-là. Ceux qui présentaient déjà des troubles touchant ces dimensions ou d'autres – psychotique, maniaque, obsessionnelle ou autre – courent, eux, le risque de voir leur pathologie s'aggraver.

CHAPITRE 25

Anxiété en période de confinement

Une enquête en ligne proposée par l'Intersyndicale nationale des internes (ISNI) entre le 20 mars et le 11 mai a recherché des symptômes anxieux et dépressifs chez les internes en médecine français. Les deux échelles sur lesquelles reposait cette étude (*Hospital Anxiety and Depression Scale*, *HADS*, et *Impact of Event Scale-Revised*, *IES-R*) avaient déjà été utilisées avec la même population en 2017, ce qui a permis de comparer les scores obtenus lors du confinement à ceux qui avaient été mis en évidence en dehors d'une période de crise. En 2020, 892 internes ont répondu. Les scores obtenus étaient plus élevés qu'en 2017, ce qui atteste d'une dégradation de leur santé mentale lors de la crise sanitaire causée par la pandémie. La proportion d'internes présentant des manifestations anxieuses a alors atteint 47,1 %, celle ayant des critères de stress post-traumatique s'est élevée à 29,8 % et 18,4 % d'entre eux avaient des symptômes dépressifs.

Une autre étude, conduite par Santé publique France au début du confinement, a permis de quantifier la fréquence de l'anxiété sur un échantillon de 2 000 personnes. Elle a été réalisée sur deux périodes ; la première d'entre elles s'étendait du 23 au 25 mars et la seconde du 30 mars au 1er avril.

Cette étude a permis d'estimer la fréquence de la dépression dans la population française à l'aide de l'échelle *HADS* en quatorze items permettant le repérage d'une anxiété et d'une dépression. Alors que 13,5 % de la population française sont habituellement concernés par la dépression, ce taux a atteint 26,7 % sur la première période de l'étude puis 21,5 % sur la deuxième période.

Même si le bien-être s'est probablement légèrement dégradé entre ces deux périodes, si on extrapole ce qui vient d'être présenté, étant donné la différence de périodicité des mesures entre les deux études, on peut faire l'hypothèse que les Français se sont adaptés au nouveau contexte assez vite, tout en conservant un niveau d'anxiété plus élevé qu'en temps normal.

Au moment où j'ai écrit ce livre, je ne disposais malheureusement pas d'évaluation ultérieure du niveau d'anxiété en France. Il n'est donc pas possible de savoir si sa fréquence a augmenté de nouveau au fil des 8 semaines du confinement ou si la poursuite de la baisse du bien-être qui vient d'être évoquée s'est dissociée de suites anxieuses ou dépressives.

SIXIÈME PARTIE

Faire face au confinement

Lors de l'épidémie de Covid-19, la peur de la maladie est venue combiner ses effets à ceux de la restriction de circulation qu'a imposée le confinement. La peur d'être contaminé, de tomber malade éventuellement sévèrement, voire de mourir, s'est exprimée de manière très différente d'une personne à l'autre, allant de la simple appréhension à l'effroi. Même les personnes objectivement les plus exposées à un risque vital, en particulier les plus âgées, ont réagi très différemment les unes des autres. Certaines se sont contentées d'évoquer leur possible disparition de manière fataliste, comme si elles se résignaient à une éventuelle fin prochaine, alors que d'autres sont restées cloîtrées dans leur domicile pendant toute la durée du confinement et du post-confinement, effrayées par la perspective d'une proximité physique avec le moindre être humain, s'accrochant désespérément à la vie qui aurait pu les quitter sans prévenir.

Le fait de ne pas connaître la durée du confinement, qui a initialement été instauré pour deux semaines puis prolongé par quinzaine, a aggravé la contrainte subie par la population en lui ôtant la possibilité d'avoir un contrôle sur elle – celui de planifier le déconfinement. Cela a placé une grande partie d'entre elle face à un emploi du temps vide, face à l'ennui. Nous avons vu qu'être confiné dans ces circonstances a augmenté le niveau d'anxiété et a réduit le bien-être mental de chacun.

CHAPITRE 26

Reprendre le contrôle pour faire face

Organiser ses journées

Diminuer l'impact du stress implique le recours à des stratégies dites modératrices. Certaines de celles qui sont employées par les sous-mariniers et les astronautes s'avèrent pertinentes en période de confinement, étant donné les caractéristiques partagées par ces trois situations. Parmi ces stratégies, figurent au premier plan l'organisation du quotidien, qui permet le maintien salvateur d'activités au sein d'une organisation d'ensemble régulière, et la préservation des rythmes biologiques, ainsi que le maintien d'une activité physique et de contacts sociaux réguliers.

La planification d'activités, mais aussi de temps de pause, permet un investissement privilégié de l'action au détriment de la rumination mentale, cette dernière étant susceptible d'aggraver les effets du stress. Elle permet aussi de prévenir les effets de l'oisiveté et de la déstructuration de l'emploi du temps causée par la perte de tout ou partie des obligations professionnelles, ou d'activités passives sur écran (télévision ou Internet) sur les rythmes biologiques.

La régularité favorise le sentiment de contrôle, facteur de bien-être mental. Il est préférable de rester au plus près des rythmes circadiens, en maintenant des horaires de sommeil nocturnes et en évitant un décalage de phase. Ce dernier se caractérise par un sommeil de plus en plus retardé dans la nuit avec un lever de plus en plus tardif dans la matinée, voire dans l'après-midi, pouvant aller jusqu'à une inversion des rythmes. Le recours nocturne aux écrans aggrave ce processus, en particulier s'il ne fait qu'apporter des informations anxiogènes à l'instar du nombre de cas et de morts dus à l'épidémie qui ne font que croître irrémédiablement.

Sommeil, lumière : respecter son corps

La modification des rythmes biologiques est à la fois une conséquence du stress, mais aussi, en soi, un facteur d'aggravation du stress. De plus, les rythmes biologiques sont liés à la régulation de l'humeur, par l'intermédiaire de neurotransmetteurs tels que la mélatonine. Le maintien d'horaires de sommeil appropriés, en particulier à long terme, est l'une des stratégies efficaces, nécessaire mais non suffisante, pour prévenir l'expression d'une vulnérabilité dépressive ou maniaque.

Une exposition suffisante à la lumière diurne est un facteur favorable au sommeil et à la stabilité de l'humeur. L'évolution de la luminosité au cours de la journée permet la synchronisation de l'horloge biologique et favorise la sécrétion de sérotonine et celle, nocturne, de mélatonine (toutes deux altérées dans la dépression). Il est donc crucial de s'exposer à la lumière du jour, en particulier le matin.

Diversifier son alimentation

L'alimentation participe également à la régulation de l'humeur et à la stabilité émotionnelle. Face au confinement il est nécessaire de maintenir une alimentation diversifiée, afin d'éviter une carence en vitamines ou en sels minéraux, et de se garder d'un excès de consommation d'aliments caloriques, gras ou sucrés, propice au surpoids et à ses complications. À cet effet, il est souhaitable de maintenir de vrais repas aux horaires habituels, plutôt que d'entrer dans un processus d'alimentation anarchique, dont nous avons vu à travers les résultats de l'enquête sur le bien-être qu'il concernait une fraction importante de la population.

En pratique, une partie de la population française a profité du confinement pour se mettre à la cuisine, comme en ont témoigné de ponctuelles pénuries relatives de farine et d'œufs. Cette activité est bénéfique à plusieurs titres. Elle est plaisante et propice à la créativité ; elle peut se pratiquer seul ou à plusieurs ; enfin, elle permet d'améliorer la qualité de l'alimentation si elle recourt à l'emploi de produits non préparés et frais, dont des fruits et légumes. Le risque d'augmentation de la consommation d'alcool, favorisé par le désœuvrement et l'anxiété, tel que cela a été mis en évidence plus haut, doit être prévenu.

Maintenir une activité physique

La poursuite d'une activité physique régulière est également indispensable au bien-être, physique comme mental. La pratique d'une activité sportive est recommandée, car efficace, dans le traitement de la dépression d'intensité légère ou modérée. L'OMS préconise de faire au moins 10 000 pas par jour (voir tableau 27).

Tableau 27. Niveau d'activité physique en fonction du nombre de pas quotidien selon l'OMS

Nombre de pas parcourus par jour	Mode de vie
< 5 000	sédentaire
5 000-7 499	peu actif
7 500-9 999	plutôt actif
> 10 000	actif
> 12 500	très actif

Pour parvenir à parcourir ces 10 000 pas malgré le confinement, il est préférable de fractionner ses achats de première nécessité afin de bénéficier d'au moins une sortie par jour, en respectant les conditions d'une sortie dérogatoire et sans porter atteinte à la distanciation physique, afin de ne pas créer un motif de contamination. Renoncer à prendre l'ascenseur peut fournir une occasion supplémentaire de faire de l'exercice physique. La pratique quotidienne complémentaire d'exercice de gymnastique est facilitée par les tutoriels, sites et applications facilement accessibles.

Maintenir les liens pour réduire le stress

Nous avons vu que les contacts sociaux étaient favorables au bien-être mental. Ils permettent à la fois de réguler ses propres émotions, de limiter les effets du stress et de développer son sentiment d'utilité grâce au soutien pouvant être apporté à autrui. Les circonstances du confinement libèrent du temps qui peut être mis à profit pour maintenir ou renforcer les échanges avec ses proches et partager son vécu avec eux. Face à la frustration et à l'ennui, les réseaux sociaux sont venus apporter une aide effective à travers les échanges et l'entraide qu'ils ont suscités.

Ceux qui ont des enfants les font bénéficier de leurs nouvelles modalités de gestion du quotidien. Il est important de leur permettre de réduire les effets de leur propre stress. Pour y parvenir, il faut échanger avec eux de manière simple mais explicite sur ce sujet, de façon à ce qu'ils parviennent à faire face à la situation en regagnant un meilleur contrôle sur elle. Leur permettre de verbaliser leurs émotions négatives telles que la contrariété, l'ennui, la colère ou la frustration et leur faire comprendre qu'elles ont une fonction leur permet d'apprendre à renoncer à y résister vainement, à les accepter et, finalement, à leur laisser moins de place et à réduire leurs conséquences. Les apprivoiser de la sorte permet d'échapper à la détresse qu'elles sont susceptibles d'induire et de profiter des émotions positives qu'elles masquaient, telles que le plaisir, l'amitié ou l'amour.

Cultiver la détente

Afin de profiter du quotidien confiné, il faut accepter les moments de détente, les divertissements futiles, les échanges amicaux ou encore la simple attention portée à l'instant présent. Ces pauses contrebalancent utilement un quotidien marqué par la contrainte et la maladie. La lecture, la musique, les jeux et tout autre loisir peuvent être sources de plaisir. Il ne faut donc pas s'en priver. Il est nécessaire de trouver un équilibre entre oisiveté, échanges amicaux et activités procurant un sentiment d'utilité. Affronter le temps qui passe de manière fragmentée, au jour le jour, est plus efficace que d'anticiper d'un coup toute la durée qui reste à parcourir.

Prendre conscience de la fragilité de l'espèce humaine face aux périls de la nature peut être angoissant. Cela peut permettre néanmoins de relativiser l'importance de certains choix, de modifier ses investissements et de se projeter de manière apaisée dans le futur. En période d'épidémie, être bloqué chez soi est certes imposé par les autorités, mais une reprise de contrôle sur son quotidien peut contribuer à faire percevoir cette situation comme une démarche volontaire et altruiste pour protéger les autres en brisant la chaîne de transmission virale, au-delà de se protéger soi-même. En être convaincu permet d'échapper à un sentiment d'inutilité ou de découragement.

Recourir aux principes de la philosophie

La philosophie peut s'avérer salvatrice pour surmonter la perplexité et le doute suscités par une situation sur laquelle on n'a aucune prise. Épictète a insisté sur l'importance de distinguer ce qui relève ou non de notre propre volonté : « Parmi les choses, les unes dépendent de nous, les autres n'en dépendent pas. Celles qui dépendent de nous, c'est l'opinion, le vouloir, le désir, l'aversion : en un mot tout ce qui est notre œuvre. Celles qui ne dépendent pas de nous, c'est le corps, les biens, la réputation, les dignités : en un mot tout ce qui n'est pas notre œuvre. » Le confinement, qui appartient à cette seconde catégorie, ne peut qu'être accepté et il serait vain de tenter de s'y opposer. La peur liée au virus et la contrainte imposée par le confinement interrogent l'autonomie telle que l'a définie Emmanuel Kant. Celle-ci va de pair avec les responsabilités qu'impose la vie en collectivité. En ce qui concerne le confinement dû à l'épidémie de Covid-19, être responsable a consisté à accepter les nombreuses frustrations qu'il a causées pour freiner la contagion et préserver la communauté.

Sortir de nos obligations et de nos certitudes antérieures, quoi qu'elles aient valu, nous a fait perdre nos repères et nous a contraints à gérer l'incertitude. Nous nous sommes tous mis à anticiper l'avenir de manière plus ou moins sereine en fonction de notre niveau d'anxiété. Il n'a pas été possible d'éviter de nous confronter à des émotions négatives, qui sont l'une des manifestations du stress et font ainsi partie de notre façon d'appréhender une situation déroutante. Mieux comprendre la maladie et les risques qui en découlent, d'une part, conceptualiser la situation et créer de nouvelles routines, d'autre part, ont contribué à restaurer notre sentiment de contrôle, source de réassurance. L'acceptation et la résignation prônées par Épictète sont plus aisées si elles sont assorties de la possibilité, même restreinte, de rester actif.

CHAPITRE 27

Un monde aux règles sociales changées ?

En pratique, l'adaptation à cette période de confinement a été très diverse d'une personne à l'autre et parfois surprenante, à l'instar d'un homme jeune ayant aménagé son studio en terrain pour cascadeur ou de ces concerts donnés par le biais des réseaux sociaux, soit par un DJ seul, tel Bob Sinclar réunissant plusieurs millions de fans chaque jour, soit par ces musiciens d'orchestre jouant chacun sa part d'une partition symphonique face à une webcam.

Les projets de sortie de confinement étaient également très variés. Telle personne s'est trouvée renforcée dans ses choix citoyens, bénissant la désertion temporaire des rues par les voitures et jurant de ne plus reprendre la sienne. Telle autre ne rêvait que de pouvoir reprendre ses promenades en forêt. Telle autre a eu pour principal projet de partir en vacances avec une amie d'enfance frivole. Telle autre, peu investie jusque-là dans le sport, de s'inscrire sans délai à des compétitions. J'ai intentionnellement eu recours au mot « personne » plutôt qu'à « homme » ou « femme », afin d'éviter d'être taxé de misogynie en faisant état de souhaits pouvant correspondre par hasard à des stéréotypes. Je me prémunis d'une telle critique après en avoir été l'objet il y a peu lorsque j'ai communiqué sur les premiers résultats de l'enquête sur la santé mentale en période de confinement, alors que je faisais seulement état de ce que les participants avaient répondu, en l'occurrence un score de bien-être mental inférieur chez les femmes (ce qui avait déjà été observé auparavant).

L'entraide spontanée a dans l'ensemble bien fonctionné. Des chefs ont fourni des repas gastronomiques aux hôpitaux. Les citoyens qui avaient la chance de disposer de masques, dans une période où cet article était encore rare et précieux, les ont partagés avec ceux qui n'en avaient pas. Les plus fragiles ont pu s'appuyer sur les nombreuses plateformes téléphoniques de soutien qui ont alors fleuri en France.

Cette pandémie aura-t-elle des conséquences proches de celles qui ont fait suite à l'épidémie de peste noire au XIVe siècle ? En taux de mortalité certainement pas, puisque cette dernière a décimé la population européenne. En revanche la comparaison pourrait s'avérer plus plausible en termes de bouleversements sociaux attendus. La pénurie de main-d'œuvre qui a fait suite à l'épidémie de peste est réputée avoir favorisé l'apparition de rémunérations fixes et de droits pour les travailleurs, promouvant la sortie du système féodal en vigueur au Moyen Âge et la transition vers la Renaissance. Yuval Noah Harari prédit que la pandémie de Covid-19 aura des répercussions considérables, en termes de liens entre le travail et les revenus, de modalités d'enseignement et de recours plus systématique à l'intelligence artificielle. Pour lui l'issue favorable de cette crise, à l'instar des solutions que l'on devrait élaborer face aux enjeux environnementaux, réside dans l'intelligence collective, la coopération internationale et la solidarité globale. Des problèmes globaux ne peuvent en effet relever que de solutions globales.

À la période de confinement est venue succéder celle du déconfinement, avec son lot de bouleversements. Quelles seront ses conséquences ? Il ne s'agit certes pas d'un simple retour à la situation de 2019. Dans la mesure où tout changement majeur est une source aspécifique de stress, le déconfinement a procuré un nouveau stress à la population. Des facteurs spécifiques sont venus s'ajouter à la reprise progressive de l'activité économique et culturelle et à la modification du quotidien de chacun.

Certains n'ont pas pu prendre le poste qui leur avait été proposé avant le confinement, des recrutements ayant été suspendus dans une période d'incertitude économique, d'autres ont perdu leur travail. Les étudiants ont poursuivi leurs études et passé leurs examens sur écran, les universités ayant prolongé leur fermeture jusqu'en septembre. Le retour dans les rues et dans les transports en commun s'est fait avec un masque.

Ne plus voir le visage de l'autre, à part ses yeux, rend plus périlleux la compréhension de ce qu'il ressent et exprime. Une touche de mystère facial s'est répandue dans notre société. Être en mesure de maintenir les passagers à distance les uns des autres dans des métros ou des tramways qui étaient bondés avant le confinement a rendu délicate la gestion des accès à bord des rames par les régies de transport. Idem en ce qui concerne l'accès aux commerces, créant de très longues files d'attente barrant les trottoirs et créant une attente supplémentaire. La nécessité de tout planifier en tenant compte des nouvelles contraintes de temps et de se montrer patient s'est alors imposée. La spontanéité a été réduite d'autant, ainsi que les échanges sociaux spontanés, qui étaient de toute façon proscrits puisque l'usage était maintenant de ne plus s'approcher d'autrui. La prévention du risque de contamination était devenue la règle. Elle avait déjà changé nos repères de la période ayant précédé le confinement et avait réduit drastiquement nos possibilités. La sensation qui en découlait était proche de celle qu'on aurait pu ressentir en entrant dans une période postapocalyptique.

Reconvertir une partie des rues de nos villes en pistes cyclables fut un casse-tête pour les élus municipaux. Le commerce de vêtements sans la possibilité – en théorie du moins, et cela dans un premier temps – de les toucher et de les essayer avait perdu de sa saveur. Ne plus réunir des groupes de plus de dix personnes pendant plusieurs mois a imposé une complète réorganisation du travail et des loisirs.

La forme électronique a dû être privilégiée pour de nombreuses réunions, au détriment des échanges non verbaux ou informels, mais peut-être au bénéfice d'une plus grande efficacité puisqu'il était devenu inévitable d'aller à l'essentiel. De nombreux logiciels permettant de réunir des groupes plus ou moins grands se sont rapidement répandus pendant le confinement. Skype a certes continué à être utilisé largement, mais Zoom, LifeSize, Google Meet et d'autres ont pris une place importante, car ils se prêtent bien à la tenue de réunions allant jusqu'à plusieurs dizaines de personnes.

Conclusion

Le confinement a un impact psychologique. Plus cette mesure est longue, plus ses conséquences sur la santé mentale augmentent et s'aggravent. Ses répercussions peuvent être sévères chez les personnes les plus fragiles ou si les conditions dans lesquelles il se déroule sont vécues comme contraignantes. Elles dépendent de plusieurs facteurs. Au premier rang de ceux-ci figurent des paramètres sur lesquels la personne n'a pas de prise, dont la taille de son logement et l'accès à un espace extérieur, mais aussi la durée du confinement. L'absence complète d'échéance ou une date de fin ayant été repoussée augmentent le stress. En revanche d'autres facteurs pouvant jouer un rôle favorable dépendent des choix de la personne, dont les échanges sociaux et l'activité physique. Ces activités doivent être encouragées afin de favoriser leur mise en œuvre, même par ceux qui ne parviennent pas à y recourir par eux-mêmes.

Nous avons vu que le stress dû au confinement pouvait révéler une fragilité jusque-là inapparente. Ponctuel mais extrêmement intense, il peut conduire à la constitution d'un tableau de stress post-traumatique qui va faire revivre l'événement à la personne de manière durable sous forme de reviviscences ou de cauchemars répétitifs. Un tel tableau peut se constituer après un confinement appliqué de manière stricte. Moins intense mais prolongé, le stress va faire franchir le seuil de la vulnérabilité anxieuse ou dépressive à des personnes qui n'exprimaient pas ces troubles jusque-là, grâce à un mode de vie stable et protecteur.

Sur une population de 65 millions de personnes ayant vécu ce type de stress, étant donné la prévalence habituelle des troubles mentaux, on peut s'attendre au développement d'un très grand nombre de troubles anxieux généralisés et de dépressions. Leur expression pourra être durable. Les structures de psychiatrie et de santé mentale risquent donc d'être très sollicitées dans les mois et les années à venir. Or elles étaient déjà en tension avant la crise, peinant à faire face aux besoins habituels de la population. Même une légère augmentation risque de surcharger le système, qui pourrait s'avérer incapable de faire face à un besoin accru en post-crise. En pratique, il serait salutaire que la santé mentale soit considérée comme la troisième priorité dans la gestion de la crise de Covid-19, après la prise en compte de l'épidémie à proprement parler (mesures pour freiner sa transmission et soins apportés aux formes les plus sévères) et celle de ses conséquences économiques. Seul un renforcement de sa capacité soignante, plus en termes d'innovation dans l'organisation des soins que d'élargissement des dispositifs existants d'ailleurs, permettra de faire face à ce que l'on peut considérer comme le contrecoup de la crise.

Face à l'enjeu de la réduction de la transmission d'une maladie infectieuse, le confinement n'est qu'une mesure de santé publique parmi d'autres. Or, comme l'illustre le contenu de ce livre, son impact psychologique sur les personnes qui le subissent est considérable. Il est donc crucial de privilégier à l'avenir le recours aux autres mesures et d'éviter le confinement tant que faire se peut, si le même virus était amené à se répandre à nouveau (ce qui restera possible tant qu'un vaccin ne sera pas disponible) ou si devait apparaître un autre agent infectieux pourvoyeur de formes sévères ou létales sur lequel aucun traitement efficace n'est disponible. Seule l'appropriation par la population de nouveaux usages tels que le port systématique de masques dans les lieux publics et d'autres mesures de distanciation physique en période d'épidémie constitue une alternative efficace au confinement. Pour faire face à des épidémies sévères, l'annulation de rassemblements de masse et la fermeture des écoles pourraient être instaurées ponctuellement. L'efficacité de chacune des mesures employées devra être établie par des recherches systématiques s'appuyant sur une méthodologie rigoureuse.

Quels sont les enseignements à retenir après la crise de Covid-19 ? Faisons le vœu que nous en garderons quelques acquis en termes de relation au monde, à soi-même et aux autres. Si, au-delà de modifier notre rapport à l'environnement et de nous rendre plus respectueux de lui, elle nous rend plus forts, elle n'aura pas été que frustrante, déstructurante ou angoissante. Il est intéressant de considérer à travers son prisme un apparent paradoxe touchant le contrôle que l'on pense avoir sur les événements. En pratique, face à une situation qui ne dépend pas de nous et donc nous échappe, il faut essayer de subir le moins douloureusement possible les événements, tout en conservant et en cultivant un certain sentiment de liberté. Pour y parvenir, il convient d'identifier la part active que nous pouvons y prendre, ou pas. Lorsqu'une grande partie de la situation est hors de notre contrôle, la possibilité de l'interpréter à notre convenance et celle de réorganiser notre quotidien en fonction des événements restent toujours à notre portée. Nous pouvons également continuer à nous projeter mentalement au-delà de son issue. La maturité permet de renoncer à la surenchère et à un esprit de compétition stérile, grâce à la prise de conscience de leur vanité, mais aussi à la connaissance de ses propres limites et de ses possibilités. Elle permet d'affronter les circonstances sur le mode de l'élaboration au lieu de se sentir victime des conséquences de la situation. Peut-être les inconvénients du confinement sont-ils contrebalancés par la maturité qu'il peut favoriser ? Enfin, le confinement semble aussi avoir eu pour effets positifs d'inciter les gens à prendre soin d'eux-mêmes et à se tourner vers les autres. Se préoccuper d'autrui permet de se sentir utile, ce qui est volontiers salvateur face à un péril collectif.

Références

PRÉAMBULE

Boccace (1350-1354), *Le Décaméron*, traduction de Francisque Reynard, G. Charpentier et Cie éditeurs, 1884.

INTRODUCTION

Macron E. (2020), *Adresse aux Français, 16 mars 2020*, elysee.fr (https://www.elysee.fr/emmanuel-macron/2020/03/16/adresse-aux-francais-covid19).

Macron E. (2020), *Adresse aux Français, 13 avril 2020*, elysee.fr (https://www.elysee.fr/emmanuel-macron/2020/04/13/adresse-aux-francais-13-avril-2020).

Pascal B. (1670), *Pensées diverses II,* Fragments n°25-37. Papier original : RO 47-8. Copies manuscrites du XVIIe siècle, C1 : n° 111 p. 359, C2 : p. 315-315 v°. Éditions savantes : Faugère II, 42, XI ; Havet XXV 26 ; Brunschvicg 131 ; Tourneur p. 92-2 ; Le Guern 529 ; Lafuma 622 (série XXIV) ; Sellier 515.

Rousseau J.-J. (1776-1778), *Les Rêveries du promeneur solitaire, cinquième promenade*, in *Collection complète des œuvres*, Genève, 1780-1789, vol. 10, in-4°.

Rousseau J.-J. (1782-1789), *Les Confessions*, livre II, chapitre 12, Paris, Librairie Artistique Launette, 1889.

Première partie
La santé mentale à l'épreuve du confinement

CHAPITRE 1. LES DÉFINITIONS DU CONFINEMENT

World Health Organisation (2004), *Promoting Mental Health : Concepts emerging evidence and practice. Summary Report*, Genève, World Health Organisation.

World Health Organisation (2001), *Strengthening Mental Health Promotion*, Genève, World Health Organisation.

Ryan R. M., Deci E. L. (2001), « On happiness and human potential : A review of research on hedonic and eudaimonic well-being », *Annu. Rev. Psychol.*, 52, p. 141-166.

Tennant R., Hiller L., Fishwick R. *et al.* (2007), « The Warwick-Edinburgh Mental Well-being Scale (WEMWBS) : Development and UK validation », *Health and Quality of Life Outcomes*, 5, art. n° 63.

Trousselard M., Steiler D., Dutheil F., Claverie D., Canini F., Fenouillet F., Naughton G., Stewart-Brown S., Franck N. (2016), « Validation of the Warwick-Edinburgh Mental Well-Being Scale (WEMWBS) in French psychiatric and general populations », *Psychiatry Research*, 245, p. 282-290.

Gao J., Zheng P., Jia Y. (2020), « Mental health problems and social media exposure during Covid-19 outbreak », *PLOS One,* 15 (4), e0231924.

CHAPITRE 2. CONSÉQUENCES DU CONFINEMENT : L'ACTIVATION DE L'AXE DU STRESS

Cannon W. B. (1932), *The Wisdom of the Body*, New York, W.W. Norton & Company.

Corvol P. (2013), « Claude Bernard et la médecine expérimentale au Collège de France », *La lettre du Collège de France*, 36 (1), p. 19-21.

Damasio A. (1994), *L'Erreur de Descartes*, Paris, Odile Jacob.

Ekman P. (2012), *Emotions Revealed : Understanding Faces and Feelings*, Londres, Weidenfeld & Nicolson.

Irwin M. R., Cole S. W. (2011), « Reciprocal regulation of the neural and innate immune systems », *Nat. Rev. Immunol.*, 11, p. 625-632.

McEwen B. S., Bowles N. P., Gray J. D. *et al.* (2015), « Mechanisms of stress in the brain », *Nat. Neurosci.*, 18, p. 1353-1363.

Moisan M.-P., Le Moal M. (2012), « Le stress dans tous ses états », *Med. sci.*, 28 (6), p. 612-617.

Raison C. L., Miller A. H. (2003), « When not enough is too much : The role of insufficient glucocorticoid signaling in the pathophysiology of stress-related disorders », *Am. J. Psychiatry*, 160, p. 1554-1565.

Rodrigues S. M., LeDoux J. E., Sapolsky R. M. (2009), « The influence of stress hormones on fear circuitry », *Annu. Rev. Neurosci.,* 32, p. 289-313.

Roozendaal B., McEwen B. S., Chattarji S. (2009), « Stress, memory and the amygdala », *Nat. Rev. Neurosci.,* 10, p. 423-433.

Selye H. (1964), *From Dream to Discovery,* New York, Mc Graw Hill.

Selye H. (1956), *The Stress of Life,* New York, Mc Graw Hill.

Yerkes R. M., Dodson J. D. (1908), « The relation of strength of stimulus to rapidity of habit-formation », *Journal of Comparative Neurology and Psychology*, 18, p. 459-482.

CHAPITRE 3. EFFETS DU STRESS SUR LA SANTÉ MENTALE

Breysse J. (2020), « Vécu psychologique de l'épidémie Covid-19 », *Intersyndycale nationale des internes (ISNI)*, 22 mai 2020.

Franck N. (2018), *Traité de réhabilitation psychosociale,* Paris, Elsevier-Masson.

Franck N., Cellard C. (2020), *Pair-aidance en santé mentale,* Paris, Elsevier-Masson.

Gueldi J. D., Rouillon F. (2017), *Manuel de psychiatrie*, troisième édition, Paris, Elsevier Masson.

Merikangas K. R., He J. P., Burstein M. *et al.* (2010), « Lifetime prevalence of mental disorders in U.S. adolescents : Results from the National Comorbidity Survey Replication-Adolescent Supplement (NCS-A) », *J. Am. Acad. Child Adolesc. Psychiatry*, 49, p. 980-989.

Substance Abuse and Mental Health Services Administration-SAMHSA (2018), *Key Substance Use and Mental Health Indicators in the United States : Results from the 2017 National Survey on Drug Use and Health (HHS Publication No. SMA 18-5068, NSUDH Series H-53)*, Rockville (MD), Center for Behavioral Health Statistics and Quality, Substance Abuse and Mental Health Services Administration (https://www.samhsa.gov/data/sites/default/files/cbhsq-reports/NSDUHFFR2017/NSDUHFFR2017.pdf).

CHAPITRE 4. EFFETS DE L'ISOLEMENT SUR LE CERVEAU

Bowlby J. (1979), *The Making and Breaking of Affectional Bonds,* Londres, Tavistock Publications.

Cinini S. M., Barnabe G. F., Galvão-Coelho N. *et al.* (2014), « Social isolation disrupts hippocampal neurogenesis in young non-human primates », *Frontiers in Neuroscience*, 8, 45.

Evans J., Sun Y, McGregor A., Connor B. (2012), « Allopregnanolone regulates neurogenenis and depressive/anxiety-like behavior in a social isolation rodent model of chronic stress », *Neuropharmacology*, 63, p. 1315-1326.

Harlow H. F., Zimmermann R. R. (1958), « The development of affective responsiveness in infant monkeys », *Proceedings of the American Philosophical Society*, 102, p. 501-509.

Itard J. (1801 et 1806), *Victor de l'Aveyron,* Paris, Éditions Allia, 2009.

Tomova L., Wang T., Thompson G. *et al.* (2020), « The need to connect : Acute social isolation causes neural craving similar to hunger », *bioRxiv*, 27 mars 2020.

Deuxième partie
Le confinement sous toutes ses formes

CHAPITRE 5. CONFINEMENT DES ASTRONAUTES

Basner M., Dinges D. F., Mollicone D. *et al.* (2013), « Mars 520-d mission simulation reveals protracted crew hypokinesis and alterations of sleep duration and timing », *Proc. Natl. Acad. Sci. USA,* 110, p. 2635-2640 (Erratum in *Proc. Natl. Acad. Sci. USA*, 2013, 110, p. 2676).

Basner M., Dinges D. F., Mollicone D. *et al.* (2014), « Psychological and behavioral changes during confinement in a 520-day simulated interplanetary mission to mars », *PLoS One*, 9, e93298.

Hockey G. R., Sauer J. (1996), « Cognitive fatigue and complex decision making under prolonged isolation and confinement », *Adv. Space Biol. Med.*, 5, p. 309-330.

Kerpoisson de T. (2017), « Thomas Pesquet : "Je fais du sport pour pouvoir tenir debout sur Terre"», *Le Parisien,* 17 mars 2017.

Moukheiber A. (2020), « Les études de la NASA nous aident à comprendre les effets du confinement sur notre santé mentale », *Blog*

France Info-France Télévisions, 31 mars 2020 (Anne-Claire Ruel) (https://blog.francetvinfo.fr/fais-pas-com-papa/2020/03/31/albert-moukheiber-sur-le-confinement.html).

Sauer J. (2004), « CAMS as a tool for human factors research in spaceflight », *Acta Astronaut.*, 54, p. 127-132.

Shimamiya T., Terada N., Hiejima Y. *et al.* (2004), « Effects of 10-day confinement on the immune system and psychological aspects in humans », *J. Applied Physiol.*, 97 (3), p. 920-924.

Shimamiya T., Terada N., Wakabayashi S., Mohri M. (2005), « Mood change and immune status of human subjects in a 10-day confinement study », *Aviat. Space Environ. Med.*, 76, p. 481-485.

CHAPITRE 6. CONFINEMENT DES PRISONNIERS

Arrigo B. A., Bullock J. L. (2008), « The psychological effects of solitary confinement on prisoners in supermax units : Reviewing what we know and recommending what should change », *Int. J. Offender Ther. Comp. Criminol.*, 52, p. 622-640.

Bauer M., Priebe S., Häring B., Adamczak K. (1993), « Long-term mental sequelae of political imprisonment in East Germany », *J. Nerv. Ment. Dis.*, 181, p. 257-262.

Boulet-Gercourt P. (2014), « Jerry Williams, 8 ans d'isolement : "J'entends des voix, je vois un serpent, je me frappe la tête" », *L'Obs*, 24 avril 2014.

Brierre de Boismont A. (1852), *Des hallucinations ou histoire raisonnée des apparitions, des visions, des songes, de l'extase, du magnétisme et du somnambulisme*, seconde édition, Paris, Germer Baillière.

Bolano M., Ahalt C., Ritchie C. *et al.* (2016), « Detained and distressed : Persistent distressing symptoms in a population of older jail inmates », *J. Am. Geriatr. Soc.*, 64, p. 2349-2355.

Evans G. (2020), « Leçons de confinement : comment Mandela a su rester en forme dans sa minuscule maison de Soweto et en prison », *The Conversation*, 7 avril 2020.

Grassian S. (1983), « Psychopathological effects of solitary confinement », *Am. J. Psychiatry*, 140, p. 1450-1454.

Haney C. (2003), « Mental health issues in long-term solitary and "supermax" confinement », *Crime and Delinquency*, 49, p. 124-156.

Metzner J. L., Fellner J. (2010), « Solitary confinement and mental illness in U.S. prisons : A challenge for medical ethics », *J. Am. Acad. Psychiatry Law*, 38, p. 104-108.

CHAPITRE 7. CONFINEMENT DES SOUS-MARINIERS ET DES PLONGEURS

Abraini J. H., Ansseau M., Bisson T. *et al.* (1998), « Personality patterns of anxiety during occupational deep dives with long-term confinement in hyperbaric chamber », *Journal of Clinical Psychology*, 54, p. 825-830.

Abraini J. H., Ansseau M., Martinez E. *et al.* (1994/1995), « Development of anxiety symptoms during a deep diving experiment », *Anxiety*, 1, p. 237-241.

Cymerman A., Young A. J., Francis T. J. *et al.* (2002), « Subjective symptoms and postural control during a disabled submarine simulation », *Undersea Hyperb. Med.*, 29, p. 204-215.

Trousselard M., Leger D., Van Beers P. *et al.* (2015), « Sleeping under the ocean : Despite total isolation, nuclear submariners maintain their sleep and wake patterns throughout their under sea mission », *PLoS One*, 10, e0126721.

CHAPITRE 8. LES NAVIGATEURS SOLITAIRES

Bennet G. (1973), « Medical and psychological problems in the 1972 singlehanded transatlantic yacht race », *Lancet*, 302, p. 747-754.

Jarnoux A., Cazzola F. (2019), « Solitaire du Figaro : réveil tonitruant et hallucinations, le dur sommeil des skippers », *France Bleu*, 2 juin 2019.

Leff J. P. (1968), « Perceptual phenomena and personality in sensory deprivation », *British Journal of Psychiatry*, 114, p. 1499-1508.

Lewis H. E., Harries J. M., Lewis D. H., Monchaux de C. (1964), « Volontary solitude. Studies of men in a singlehanded transatlantic sailing race », *Lancet*, 283, p. 1431-1435.

Zubek J. P. (1969), *Deprivation : Fifteen Years of Research*, New York, Appleton-Century-Crofts.

CHAPITRE 9. EXPÉRIENCES EXTRÊMES EN SPÉLÉOLOGIE

Siffre M. (1963), *Hors du temps. L'expérience du 16 juillet 1962 au fond du gouffre de Scarasson par celui qui l'a vécue*, Paris, Julliard.

Siffre M., Reinberg A., Halberg F. *et al.* (1965), « L'isolement souterrain prolongé. Étude de deux sujets adultes sains avant, pendant et après cet isolement », *Presse Med.*, 74, p. 915-919.

CHAPITRE 10. VIVRE DANS UN ABRI SOUTERRAIN

Beussee M. P., Hammes J. A., Ahearn T. A. (1971), « Effects of fallout shelter confinement on mental health », *Ment. Hyg.*, 55, p. 121-123.
Stoffel R., Binswanger R., Kind H. (1975), « Medizinische und Psychologische Probleme bei Schutzraumaufenthalt Kriegsfall », *Schweiz Med Wochenschr,* 105, p. 146-149.

Troisième partie
Épidémies et confinement de masse

CHAPITRE 11. ÉPIDÉMIES AU COURS DE L'HISTOIRE

Boccace (1350-1354), *Le Décaméron*, traduction de Francisque Reynard, G. Charpentier et Cie éditeurs, 1884.
Crocq L. (2013), *Les Paniques collectives*, Paris, Odile Jacob.
Shapiro B., Rambaut A., Gilbert M. T. P. (2006), « No proof that typhoid caused the plaque of Athens (a reply to Papagriogorakis *et al.*) », *International Journal of Infectious Diseases*, 10, p. 334-335.

CHAPITRE 12. RÉDUIRE LA CONTAGION

Clervoy P. (2020), *Le Syndrome mental du confinement*, sur le site Odile Jacob « Idées pour aujourd'hui et pour demain », 6 avril 2020 (https://static.odilejacob.fr/public/iad_clervoy_1/).

CHAPITRE 13. ÉTAPES DU VÉCU FACE À UN CONFINEMENT DE MASSE

Brooks S. K., Webster R. K., Smith L. E. *et al.* (2020), « The psychological impact of quarantine and how to reduce it : Rapid review of the evidence », *Lancet*, 395, p. 912-920.
Wilder-Smith A., Freedman D. O. (2020), « Isolation, quarantine, social distancing and community containment : Pivotal role for old-style public health measures in the novel coronavirus (2019-nCoV) outbreak », *Journal of Travel Medicine*, 27 (2), taaa020.

CHAPITRE 14. IMPACT PSYCHOLOGIQUE DU CONFINEMENT DANS LES ÉPIDÉMIES RÉCENTES

Brooks S. K., Webster R. K., Smith L. E. *et al.* (2020), « The psychological impact of quarantine and how to reduce it : Rapid review of the evidence », *Lancet*, 395, p. 912-920.

Garfin D. R., Cohen Silver R., Holman E. A. (2020), « The novel coronavirus (Covid-2019) outbreak : Amplification of public health consequences by media exposure », *Health Psychol.*, 39, p. 355-357.

Guillet C. (2020), « Après l'épidémie de Covid-19, une épidémie de suicides ? », *Slate*, 10 mai 2020.

CHAPITRE 15. VIVRE UN CONFINEMENT IMPOSÉ

Wilder-Smith A., Freedman D. O. (2020), « Isolation, quarantine, social distancing and community containment : Pivotal role for old-style public health measures in the novel coronavirus (2019-nCoV) outbreak », *Journal of Travel Medicine*, 27 (2), taaa020.

CHAPITRE 16. EFFETS À MOYEN ET À LONG TERME DU CONFINEMENT

Brooks S. K., Webster R. K., Smith L. E. *et al.* (2020), « The psychological impact of quarantine and how to reduce it : Rapid review of the evidence », *Lancet*, 395, p. 912-920.

CHAPITRE 17. DE L'IMPORTANCE DE COMMUNIQUER EN PÉRIODE DE CONFINEMENT

Brooks S. K., Webster R. K., Smith L. E. *et al.* (2020), « The psychological impact of quarantine and how to reduce it : Rapid review of the evidence », *Lancet*, 395, p. 912-920.

Quatrième partie
La pandémie de Covid-19

CHAPITRE 18. LES ÉTAPES DE L'ÉPIDÉMIE

Adam D. (2020), « Special report : The simulations driving the world's response to Covid-19 », *Nature*, 580, p. 316-318.

Dupré R., Mandard S. (2020), « Coronavirus : la mortalité en réanimation beaucoup plus forte qu'annoncée en France », *Le Monde*, 27 avril 2020.

Gao J., Zheng P., Jia Y. *et al.* (2020), « Mental health problems and social media exposure during Covid-19 outbreak », *PLoS One*, 15, e0231924.

Garfin D. R., Cohen Silver R., Holman E. A. (2020), « The novel coronavirus (Covid-2019) outbreak : Amplification of public health consequences by media exposure », *Health Psychol.*, 39, p. 355-357.

He X., Lau E. H. Y., Wu P. *et al.* (2020), « Temporal dynamics in viral shedding and transmissibility of Covid-19 », *Nature Medicine*, 26, p. 672-675.

HuffPost et AFP (2020), « Coronavirus : l'intérieur de l'hôpital construit en 10 jours en Chine », *Huffington Post International*, 11 février 2020.

Ong S. W. X., Tan Y. K., Chia P. Y. C. *et al.* (2020), « Air, surface environmental, and personal protective equipment contamination by Severe Acute Respiratory Syndrome Coronavirus 2 (SARS-CoV-2) from a symptomatic patient », *JAMA*, 323 (16), p. 1610-1612.

Organisation mondiale de la santé Europe (2020), « La flambée de 2019-nCoV est une urgence de santé publique de portée internationale », 31 janvier 2020 (http://www.euro.who.int/fr/health-topics/health-emergencies/pages/news/news/2020/01/2019-ncov-outbreak-is-an-emergency-of-international-concern).

Organisation mondiale de la santé (2020), « Allocution liminaire du Directeur général de l'OMS lors du point presse sur la Covid-19 », 11 mars 2020 (https://www.who.int/fr/dg/speeches/detail/who-director-general-s-opening-remarks-at-the-media-briefing-on-covid-19---11-march-2020).

Wilder-Smith A., Freedman D. O. (2020), « Isolation, quarantine, social distancing and community containment : Pivotal role for old-style public health measures in the novel coronavirus (2019-nCoV) outbreak », *Journal of Travel Medicine*, 27 (2), taaa020.

CHAPITRE 19. INFECTION PAR LE SRAS-COV-2 : SYMPTÔMES ET DONNÉES VIROLOGIQUES

Andersen K. G., Rambaut A., Lipkin W. I. *et al.* (2020), « The proximal origin of SARS-CoV-2 », *Nature Medicine*, 26, p. 450-452.

Bendavid E., Mulaney B., Sood N. *et al.* (2020), « Covid-19 antibody seroprevalence in Santa Clara County », *MedRxiv*, 17 avril 2020.

Caron J. (2020), « Covid-19 : un danger réel ou une pandémie de paniques des santés publiques occidentales ? », données personnelles, mai 2020.

Ioannidis J. P. A., Axfors C., Contopoulos-Ioannidis D. G. (2020), « Population-level Covid-19 mortality risk for non-elderly individuals overall and for non-elderly individuals without underlying diseases in pandemic epicenters », *Environ. Res.*, 188, 109890.

Roques L., Klein É., Papax J. *et al.* (2020), « Using early data to estimate the actual infection fatality ratio from Covid-19 in France », *MDPI Biology*, 9 (5), 97.

Salje H., Tran Kiem C., Lefrancq N. *et al.* (2020), « Estimating the burden of SARS-CoV-2 in France », *Science*, 369 (6500), p. 208-211.

Yao H., Lu X., Chen Q. *et al.* (2020), « Patient-derived mutations impact pathogenicity of SARS-CoV-2 », *MedRxiv*, 23 avril 2020.

Zheng S., Fan J., Yu F. *et al.* (2020), « Viral load dynamics and disease severity in patients infected with SARS-CoV-2 in Zhejiang province, China, January-March 2020 : Retrospective cohort study », *BMJ*, 369, m1443.

CHAPITRE 20. LA COVID-19 EN CHINE

Gao J., Zheng P., Jia Y. *et al.* (2020), « Mental health problems and social media exposure during Covid-19 outbreak », *PLoS One*, 15, e0231924.

World Health Organisation, *Collaborating Centre in Mental Health. Chinese version of the WHO-Five Well-Being Index* (http://www.who-5.org).

CHAPITRE 21. MESURES PRÉVENTIVES STRICTES POUR LIMITER LA CIRCULATION DU VIRUS

Macron E. (2020), *Adresse aux Français, 16 mars 2020*, elysee.fr (https://www.elysee.fr/emmanuel-macron/2020/03/16/adresse-aux-francais-covid19).

Macron E. (2020), *Adresse aux Français, 13 avril 2020*, elysee.fr (https://www.elysee.fr/emmanuel-macron/2020/04/13/adresse-aux-francais-13-avril-2020).

Mallaval C., Moran A. (2020), « Covid-19 : la première carte de France en "rouge" et "vert" dévoilée », *Libération*, 30 avril 2020.

Cinquième partie
L'impact psychologique du confinement dû à la Covid-19 en France : une enquête française

CHAPITRE 22. ATTENDUS DE L'ENQUÊTE

Tennant R., Hiller L., Fishwick R. *et al.* (2007), « The Warwick-Edinburgh Mental Well-being Scale (WEMWBS) : Development and UK validation », *Health and Quality of Life Outcomes*, 5, art. n° 63.

Trousselard M., Steiler D., Dutheil F., Claverie D., Canini F., Fenouillet F., Naughton G., Stewart-Brown S., Franck N. (2016), « Validation of the Warwick-Edinburgh Mental Well-Being Scale (WEMWBS) in French psychiatric and general populations », *Psychiatry Research*, 245, p. 282-290.

CHAPITRE 23. DESCRIPTION DE L'ÉCHANTILLON AYANT RÉPONDU À L'ENQUÊTE

Bafoil P. (2020), « Comment le confinement affecte les Français », *Le Journal du Dimanche*, 5 avril 2020.

Chevalier J. (2020), « Évoquer le déconfinement, une façon d'améliorer le moral des Français », *BFM TV*, 6 avril 2020.

Haesebaert F., Haesebaert J., Zante É., Franck N. (2020), « Who maintains good mental health in a locked-down country ? A French nationwide online survey of 11,391 participants », *Health & Place*, 66, 102440.

Montaron S. (2020), « Comment vivons-nous le confinement ? Des chercheurs lyonnais mènent l'enquête », *Le Progrès,* 4 avril 2020.

Rolland B., Haesebaert F., Zante É., Benyamina A., Haesebaert J., Franck N. (2020), « Global changes and factors of increase in caloric/salty food, screen and substance use, during the early Covid-19 containment phase in France : A general population online survey », *Journal of Medical Internet Research Public Health and Surveillance*, 25 juin 2020.

Roy S., Durand-Souffland S. (2020), « Le confinement met au défi le moral des Français », *Le Figaro,* 31 mars 2020.

Salthun-Lasalle B. (2020), « Comment les Français vivent-ils le confinement ? », *Cerveau & Psycho*, 10 avril 2020.

CHAPITRE 24. IMPACT SUR LE BIEN-ÊTRE MENTAL

Adam D. (2020), « Special report : The simulations driving the world's response to Covid-19 », *Nature*, 580, p. 316-318.

Andrieu L. (2020), « Déconfinement : dans les unités spécialisées, la crainte d'une "seconde vague psychiatrique" », *Le Figaro,* 15 mai 2020.

Brooks S. K., Webster R. K., Smith L. E. *et al.* (2020), « The psychological impact of quarantine and how to reduce it : Rapid review of the evidence », *Lancet*, 395, p. 912-920.

Byrd D. R., McKinney K. J. (2012), « Individual, interpersonal, and institutional level factors associated with the mental health of college students », *J. Am. Coll. Health*, 60, p. 185-193.

Cuordifede C. (2020), « Anxiété, dépression, stress… l'ONU alerte sur les détresses psychologiques post-confinement », *Marianne*, 14 mai 2020.

Guillet C. (2020), « Après l'épidémie de Covid-19, une épidémie de suicides ? », *Slate,* 10 mai 2020.

Guillot M. (2020), « Pas d'avenir pour une société où chacun reste derrière un écran », *Mag2Lyon*, 12 mai 2020, p. 28-29.

Haesebaert F., Haesebaert J., Zante É., Franck N. (2020), « Who maintains good mental health in a locked-down country ? A French nationwide online survey of 11,391 participants », *Health & Place*, 66, 102440.

Hernandez R., Bassett S. M., Boughton S. W. *et al.* (2017), « Psychological well-being and physical health : Associations, mechanisms, and future directions », *Emot. Rev.*, 10, p. 18-29.

Rolland B., Haesebaert F., Zante É., Benyamina A., Haesebaert J., Franck N. (2020), « Global changes and factors of increase in caloric/salty food, screen and substance use, during the early Covid-19 containment phase in France : A general population online survey », *Journal of Medical Internet Research Public Health and Surveillance*, 25 juin 2020.

Wilder-Smith A., Freedman D. O. (2020), « Isolation, quarantine, social distancing and community containment : Pivotal role for old-style public health measures in the novel coronavirus (2019-nCoV) outbreak », *Journal of Travel Medicine*, 27 (2), taaa020.

CHAPITRE 25. ANXIÉTÉ EN PÉRIODE DE CONFINEMENT

Breysse J. (2020), « Vécu psychologique de l'épidémie Covid-19 », *Intersyndycale nationale des internes (ISNI)*, 22 mai 2020.

Chan-Chee C., Léon C., Lasbeur L. *et al.* (2020)., « La santé mentale des Français face au Covid-19 : prévalences, évolutions et déterminants de l'anxiété au cours des deux premières semaines de confinement (enquête COVIPREV, 23-25 mars et 30 mars-1er avril 2020) », *BEH*, 13, p. 260-269.

Sixième partie
Faire face au confinement

CHAPITRE 26. REPRENDRE LE CONTRÔLE POUR FAIRE FACE

Arrien de Nicomédie (125), *Le Manuel d'Épictète*, traduction par Jean-Marie Guyau, Paris, Librairie Ch. Delagrave, 1875.

Kant E. (1788), *Critique de la raison pratique* (*Kritik der praktischen Vernunft*), traduction de J. Barni, Paris, Librairie philosophique de Ladrange, 1848.

Pavie X. (2020), « Quelles leçons philosophiques tirer de la crise sanitaire ? », *The Conversation*, 16 avril 2020.

Pelissolo A. (2020), « 10 conseils pour éviter la dépression en période de confinement », *The Conversation,* 11 avril 2020.

CHAPITRE 27. UN MONDE AUX RÈGLES SOCIALES CHANGÉES ?

Harari Y. N. (2020), « Nous sommes dans un vortex historique », *Le Point*, 2 avril 2020, p. 54-57.

Remerciements

Je remercie Caroline Demily pour son apport inestimable quant à la dynamique de l'introduction. Je suis également très reconnaissant à Athénaïs Franck, Frédéric Haesebaert et Caroline Rolland pour leurs conseils précieux et leurs apports qui ont permis d'améliorer la qualité du manuscrit. Je remercie enfin Élodie Zante et Julie Haesebaert, pour leur contribution avertie à l'enquête effectuée au moment de la période de confinement, dont les résultats enrichissent considérablement cet ouvrage.

Table

DEUXIÈME PARTIE

Le confinement sous toutes ses formes

QUATRIÈME PARTIE

La pandémie de Covid-19

DU MÊME AUTEUR
CHEZ ODILE JACOB

Entraînez et préservez votre cerveau. Plus de vitalité cérébrale, 2013.

La Schizophrénie. La reconnaître et la soigner, 2006.

Cet ouvrage a été composé
en ITC Galliard et en Whitney
par Nord Compo
à Villeneuve-d'Ascq (Nord).

Achevé d'imprimer en France
sur les presses de Jouve-Print
733, rue Saint-Léonard, 53100 MAYENNE
N° d'édition : 7381-5380-X – N° d'impression : 2958153K
Dépôt légal : novembre 2020

Imprimé en France